# IN FREMDEN BETTEN

Klocke Verlag GmbH
Höfeweg 40 · 33619 Bielefeld
Telefon: 05 21 / 9 11 11-0 · Telefax: 05 21 / 9 11 11-12
www.klocke-verlag.de · info@klocke-verlag.de

1. Auflage 2010



Illustrationen: Gerd Huss

Layout: Thomas Kacza

Lithographie: Klocke Medienservice, Holger Schönfeld, Boris Dreyer

Produktion: Diana Wilking

Vertrieb: Stephan Klocke

Druck: Graphischer Betrieb Gieseking GmbH & Co. KG, Bielefeld

Printed in Germany

ISBN 978-3-934170-55-1

# IN FREMDEN BETTEN

*Hotelgeschichten*
*von*
*Heinz Horrmann*
*Band IV*

Klocke Verlag

# Inhalts-verzeichnis

Seit 1996 beschäftigen wir uns mit der internationalen Luxushotellerie. Dabei interessieren uns besonders *hideaways,* beschauliche, romantische Verstecke an den faszinierendsten Plätzen und in den atemberaubendsten Metropolen, außergewöhnliche „Refugien für die Seele" und „Kleinode des guten Geschmacks", in denen man genüsslich die Seele baumeln lassen kann. Unser gleichlautendes Magazin, in dem wir diese Verwöhnoasen mit opulenter Fotografie vorstellen, hat sich als eines der exklusivsten Reisemagazine der Welt etabliert. Es gehört heute zur Pflichtlektüre von anspruchsvollen Premium-Travellern. Seit der Gründung dieser Publikation kennen und schätzen wir Heinz Horrmann, der zu den renommiertesten internationalen Hotel- und Gastronomieautoren gehört. Es gibt weltweit nur wenige Travelwriter, die jedes Jahr ebenso viele Hotels besuchen, auf Kreuzfahrtschiffen unterwegs sind oder den Komfort an Bord von Langstreckenflügen testen wie der ehemalige Geschäftsführende Redakteur der WELT und WELT am SONNTAG. Der Autor von mehr als dreißig Hotel- und Genussbüchern wurde für seine unermüdliche Arbeit, unser Land als Gastgeberland darzustellen und der Hotellerie und Gastronomie durch seine kritischen Anmerkungen neue Impulse zu verleihen, im Jahre 2001 mit dem Bundesverdienstkreuz am Bande ausgezeichnet, der amerikanische Nachrichtensender CNN bezeichnete ihn in einem Portrait als den „angesehensten Hotelkritiker der Welt". Bislang war sein Leben geprägt von Printmedien, seit zwei Jahren hat er nun auch das Fernsehen erobert, als charismatischer und kompetenter Juror in der VOX-„Kocharena“ und als „Hoteltester“ bei RTL.

Durch unsere gemeinsame Liebe zur Luxushotellerie und zu exklusiven Reisen und aus gegenseitigem Respekt begründeten wir eine Partnerschaft, in der neben den vier Büchern „In fremden Betten“ auch zwei Bildbände erschienen sind. In „Kreuzfahrt-Träume“ schildert Heinz Horrmann seine Eindrücke an Bord der Königinnen der Weltmeere, der zweite Band wurde übrigens als eines der besten Reisebücher ausgezeichnet. Und auch der erste Band von „In fremden Betten“, einer der absoluten Bestseller in unserem kleinen, aber feinen Buchprogramm, erhielt den begehrten „Five Star Diamond Award“ der American Academy of Hospitality Sciences als eines der originellsten Hotelbücher. Darauf sind wir sehr stolz und es freut uns, Ihnen mit dem vierten Folgeband wieder fünfzig unglaubliche, aber erlebte Hotelstorys von Heinz Horrmann präsentieren zu dürfen.

Auch „In fremden Betten“, Band IV berichtet Heinz Horrmann von seinen Erlebnissen rund um den Globus. Seine unnachahmliche Art, sowohl unverhohlene Kritik mit spitzer Feder niederzuschreiben als auch mit versteckter Ironie, amüsant, vergnüglich und stets mit einem charmanten Augenzwinkern zu erzählen, machen dieses neue Taschenbuch wieder zur kurzweiligen Lektüre.

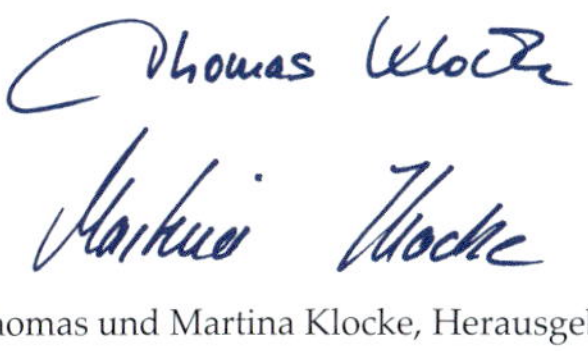

Thomas und Martina Klocke, Herausgeber

Der Gast sei dem Gastgeber heilig, hatte Cäsar Ritz, der Gründervater der Grandhotels formuliert, „Hospes hospiti sacer". Da aber Hospes beides heißen kann, Gastgeber und Gast, war für Cäsar Ritz auch die Umkehrung des Spruchs möglich. Was nichts anderes heißt, als dass auch der Gast gegenüber dem Gastgeber und dem Service eine Verpflichtung hat. In unserer Zeit hat der Hotelpionier Horst Schulze (Gründer der Ritz-Carlton-Servicephilosophie) das so ausgedrückt: „We are Ladies and Gentlemen serving Ladies and Gentlemen." Ein Verhältnis auf Augenhöhe. Hier Service aus Leidenschaft, auf der anderen Seite Würdigung, Respekt und Dankbarkeit. Aber lesen Sie mal, was es für Gäste im Hotel gibt, die nicht nur gegen diesen Gedanken verstoßen, sondern sich einfach widerlich benehmen. (Sex bei Tisch, der nächtliche Schuheinsammler, der Teppichklau, total durchgedrehte Schauspieler.)

Natürlich bleiben unabhängig davon zentral im Blickfeld die Servicewüste (wo sie noch existiert), die Fehler in den Hotels und die unglaublichen Geschichten, die selbst in den edlen und ebenso in den einfachen, unterklassigen Domizilen passieren.

Ein Gedanke noch in eigener Sache: Mit zunehmendem Alter verkürzen sich erkennbar die Zeitabschnitte und Zahlen, die zu Jubiläen hochstilisiert werden. Mir geht es da nicht anders. So gesehen feiere ich mit „In fremden Betten", Band IV als mein 35. Buch auch mit einer nicht ganz runden Zahl einen Jubiläumsband.

Da passt es dann auch ganz gut, dass neben den teilweise unglaublichen Hotelstorys, neben der angesprochenen Kritik und Empfehlungen ein neuer Service einbezogen wird: die Metropolenhotels. Exakt nach dem System, wie ich es auch im Fernsehen präsentiere, habe ich mit ganz persönlicher Wahl in den großen Zentren weltweit jeweils die Hotellegende, das nach meinen Erfahrungen beste Businesshotel, das Designerdomizil und das erkennbar günstigste Preis-Leistungs-Verhältnis zusammengestellt. Viel Spaß und viel Glück mit Hotel, Küche und Service.

Zwei mir häufig gestellte Fragen möchte ich hier an dieser Stelle gerne beantworten. Erstens: Woran erkenne ich ein besonders gutes Hotel? Und: Wie wird man Restaurant-und-Hoteltester?

Zur Hotelbewertung: Ich bin unterwegs, fernab von daheim, betrete das Hotel. In diesem Augenblick entscheidet es sich, ob das so bleibt und ich nur ein Bett für die Nacht bekomme oder mich wohlfühle, ein Zuhause auf Zeit gefunden zu haben. Erwartet wird von mir zumeist eine Schilderung von Prunkhäusern mit Stil. Ich versuche dann klar zu machen, dass natürlich die „Hardware“ die entscheidenden Kriterien erfüllen muss: genügend Platz, Zimmer am besten über vierzig Quadratmeter groß, gediegene funktionelle Einrichtung, ein angenehmes Bett mit erstklassiger Matratze, ein kultiviertes Bad, begehbare Dusche ohne Stolperstufe, die Toilette außerhalb der Nasszelle und flauschige Handtücher, ordentliche Facilities wie Spa und Pool gehören dazu und ein angenehmes Restaurant (nicht unbedingt sternengekrönt).

Das alles ist aber nur der Rahmen, der gewiss wichtig ist, doch den Service, die liebenswerte Pflege des Gastes, möchte ich als die Seele eines Hotels bezeichnen. Von der ersten Begrüßung bis zur herzlichen Verabschiedung reicht das Verwöhnprogramm. Wenn beides zusammenkommt, das hoteltechnische Angebot und Servicepersonal, das dem Gast die Wünsche erfüllt, bevor er sie richtig formuliert hat, spreche ich von einem besonders guten Hotel.

Wie man Hotel-und-Restauranttester wird, was ist da unumgänglich?

Sowohl bei der Hotelbewertung als auch beim Restauranttest ist erst einmal eine riesige Portion Leidenschaft, Passion, auch gottgegebenes Talent Voraussetzung; doch dann gilt es, diese Basis mit Kompetenz, Wissen und Erfahrung zu untermauern. Im Bereich der Küche habe ich das große Glück gehabt, mit den erfolgreichsten Kochkünstlern am Herd kochen und von den Besten Etliches abschauen zu dürfen. Dabei lernt man dann auch Nuancen zu unterscheiden. Das macht sich regelmäßig bei der täglichen Arbeit bezahlt. Im Hotelbereich hilft mir der komplett absolvierte Total-Quality-Lehrgang für General Manager bei einer der besten Hotelgruppen weltweit und schließlich auch die rund zweitausend Hotels, die ich für die verschiedensten Organisationen bewerten und einordnen durfte. Kompetenz muss man sich halt erarbeiten. Wir finden es doch alle ärgerlich, wenn ein Sportreporter vom Kleinkleckersdorfer Tagesspiegel, der nie gegen den Ball getreten hat, Franz Beckenbauer die Laufwege oder den Pass aus der Tiefe des Raumes erklären will und ohne Sachkenntnis kritisiert. Und beim wohlverdienten Hotelbesuch oder Restaurantgenuss soll das anders sein?

Viel Vergnügen mit „In fremden Betten“, Band IV wünscht Ihnen

Heinz Hormann

# Wie Armani im falschen Dubai-Tower landete

## SEIN TRAUMDOMIZIL IST START EINER HOTELREIHE

Unbegreiflich. Der Mann mit schlohweißem Haar und der klassischen Physiognomie eines römischen Feldherrn schaut irritiert, zeigt sich unwirsch. Warum ist bei seiner Ankunft am Eingang des Towers die Armee der Männer in schwarzen Hosen und weißen Hemden nicht angetreten? Der Termin des Modepapstes und Branchenimperators Giorgio Armani war doch angekündigt. Ein kurzes Zwiegespräch seines Fahrers mit dem Security-Verantwortlichen folgte und dann flogen die Hände zum (Auto-)Himmel. „Erschütterndes" war geschehen. Der gute Mann im Dienste des fünfundsiebzigjährigen Nobeldesigners hatte den Burj Dubai, später auf den Namen des neuen Geldgebers Burj Khalifa umgetauft, mit dem Burj al Arab, dem gigantischen Hotel in Segelform, verwechselt. Ich war nicht dabei, aber ein gewaltiges Donnerwetter wurde mir hinter

ARMANI HOTEL DUBAI

vorgehaltener Hand kolportiert. So ein blöder Fehler im Umfeld des den Göttern so nahen Genies. Inzwischen ist Armanis erstes Designerhotel, eben in dieser 828 Meter hohen zum Himmel strebenden Nadel, eingeweiht und läuft gut. Die von Detailfetischist Armani gestalteten 160 Gästezimmer liegen in den Stockwerken 1 bis 8 und 38 bis 39. Geld spielt für Armani nicht die große Rolle (geschätztes Vermögen: 4 Milliarden Euro). Forsch wurden die Zimmerpreise zwischen 900 und 9000 Euro festgelegt. Auch das ist ein Superlativ.

Nicht wenige haben es vorher als Fehler bezeichnet, das erste Armani-Domizil ausgerechnet in Dubai einzurichten, nicht in Rom, Mailand oder Paris, wie erwartet, sondern in der Wüstenstadt eben. Armani stand und steht zu dieser Entscheidung und ignorierte derartige Einwände. Heute gibt es nur noch Zuspruch. Ähnlich synchrones Kopfschütteln hat es vor zehn Jahren gegeben, als der damalige Primus der Hotelgruppen, Ritz-Carlton, sein erstes deutsches Hotel ausgerechnet in Wolfsburg platzierte. Das Haus an der VW-Autostadt wurde ein grandioser Erfolg und genau das verspricht die Startphase auch dem Armani-Hotel. Wie hat der Modezar und Minimalist nun seine Zimmer in der Hauptstadt des Maximalismus gestaltet?

Dunkle Steinböden, dunkle Holzwände, Marmor aus dem Norden Kanadas. Farblich alles in typischen Armani-Tönen gehalten, alles Ton in

Ton, absolut dezent, geschmackvoll, geradlinig und schnörkellos, wie seine Mode geschnitten ist, wurde die Einrichtung gewählt. Zebra-Wood an den Wänden als wichtigstes Dekorationselement. Geräuschlos arbeitet die Klimaanlage. Vorzügliche Matratzen, kühle Laken, Betten der Spitzenklasse. Ein Hotel ist weit mehr als nur ein Bett für die Nacht, doch das Nachtlager muss auch stimmen. Wichtig, denn das Dubai-Hotel ist für Armani so etwas wie ein Pilotprojekt, weitere dreizehn Designhotels dieser Art sollen folgen. Der Edel-Stylist sieht allerdings in der Metropole der Emirate das zurzeit attraktivste und konkurrenzlose Ziel für das Hospitality-Geschäft.

Armanis Hotel ist kein Alleingang. Hotels der Zukunft werden verstärkt von Top-Designern wie Bulgari, Cerutti oder Ferragamo gestaltet. Die neuen Edel-Herbergen vereinen kühles, modernes Interieur mit dem Luxus der alten, vornehmen Grandhotels. Den Anfang hatte übrigens Madame Krizia mit dem K-Club auf Barbuda in der Karibik gemacht, gefolgt von Donatella Versace und ihrem „Palazzo Versace“ in Australien.

# Eine Ratte in der Bettwäsche

## SCHLIMMSTES ERLEBNIS ALS RTL-HOTELINSPEKTOR

Der Keller sah aus wie eine hierher verpflanzte städtische Müllhalde, Schmutz, Unrat, Müll und vergammelte Polstermöbel moderten vor sich hin. Überall an den Wänden gefährliche Schimmelpilze und mitten zwischen den Abfallbergen stand ein Bügelbrett. Da musste eine Mitarbeiterin ohne Rücksicht auf Gesundheit ihren Job tun. Da stockte mir der Atem. Ich war als Hotelinspektor für RTL in diesem Hotel in einer Nebenstraße am Ballermann auf Mallorca unterwegs. Erster Eindruck: Auf dem Pool schwamm eine Sexpuppe mit einem Präservativ strategisch platziert. Morgens um 9 Uhr bereits Gegröle im Garten, angetrunkene Gäste im Ferienrausch. Die Tür zur Rezeption war abgesperrt. Hinweis: Gehen Sie durch die Bar. War schwer möglich; eine Frau schlief im Eingang, versperrte den Weg. Die Zimmer mag ich kaum beschreiben.

Schmuddelig, das Bad eine Schmutzhöhle, der Milbendetektor wurde beim Bettzeugtest schwarz. Und dann sah ich, wie das Bettzeug aus allen Zimmern auf den Hof zwischen Sperrmüll und Eimern flatterte. Der Höhepunkt: Eine fette schwarze Ratte kam unter der aufgetürmten Wäsche hervor, erst gemächlich, dann flink, als sie plötzlich von einer Katze gejagt wurde. Viele Male bin ich nach meinem schlimmsten Hotelerlebnis in dreißig Jahre Ehe mit der weltweiten Hotellerie gefragt worden. Hier und heute möchte ich es einmal schildern. Der Hotelbesitzer, ein Deutscher, hatte zusammen mit seinem Sohn das Domizil in interessanter Lage erworben, aber es unterirdisch schlecht geführt. Der Hotelinspektor sollte die entscheidenden Hinweise für eine bessere Zeit geben. Sinnvollerweise hätte man zuerst die Müllabfuhr informieren, dann die Abrissbirne bestellen sollen. Ich habe massive Arbeiten angemahnt, bekam stets Zustimmung, aber nichts passierte. Als Lohn für den Einsatz wäre ich beinahe verprügelt worden. Ich stand in der Reihe vor dem grässlichen Frühstücksbüfett mit Gummibrötchen und Plastikkannenkaffee. Da zog mich ein Gast nach durchzechter Nacht am Arm und drohte mir aus kurzer Entfernung verbunden mit gewaltigen Alkoholschwaden an: „Ich hau' dich jetzt aus deinem Scheißanzug, du Pinkel." Ich behielt die Nerven und bat ihn in ruhigem Ton: „Wenn Sie mit mir reden wollen,

machen Sie einen Termin." Der Kameramann, ein Hüne, hatte sich schon bereitgemacht, mir beizustehen, dann filmte er mit breitem Grinsen die Szene. Sie wurde übrigens auch gesendet. Der Trunkenbold war derart konsterniert, dass er Ruhe gab. Am Abend war natürlich an Schlaf nicht zu denken. Durch den Vorhangsfetzen wurden Licht und Lärm der Rund-um-die-Uhr-Party nicht abgeschirmt. Und dann krabbelte eine Kakerlake über das Laken. Das war das Signal zum Aufbruch. In allen Folgen der Serie habe ich stets im Hotel geschlafen, hier wurde ein einziges mal geflunkert. Ich schlich aus dem Haus, nahm mir ein Taxi und fuhr ins St. Regis Mardavall, eines meiner Lieblingshotels. Da aber in allen Folgen mein Aufwachen stets schon gefilmt wurde, blieb ich nur bis um 6 Uhr, fuhr zurück und ließ mich in der üblen Schmutzkiste filmen. Ich bin hinterher von vielen Bekannten aus der Hotellerie, unter anderem vom Rektor der Cornell Universität, der berühmtesten Hotelfachschule der Welt, gefragt worden, was ich als Spezialist für Fünf-Sterne-Hotels in einem derartigen Haus zu suchen habe. Nun, die Aufgabe, angeschlagene Hotels zu retten, war grundsätzlich auch reizvoll. Natürlich drängt sich die mir immer wieder gestellte Frage auf: Was haben die rund 2000 hochklassigen Hotels weltweit, die ich in dreißig Jahren für die verschiedensten Organisationen, Weltranglisten sowie für meine Bücher und Artikel getestet, bewertet und eingeordnet habe, mit den Zwei-, höchstens Drei-Sterne-Domizilen zu tun, denen ich als RTL-Hotelinspektor Fehler aufgezeigt und zumeist auf den Weg zum Erfolg gebracht habe? Auf den ersten Blick wenig. Wenn man allerdings berücksichtigt, dass Qualitätsdenken und Gästezufriedenheit keine Unterschiede zwischen den Sternekategorien machen, sondern nur preisbezogen in Komfortmöglichkeiten und Serviceaufwand, dann relativiert sich das Bild.

# Erfolg an der Küste

## „TUM STÜÜRMANN“ WURDE ZUM BESTSELLER

Nur die steife Brise vom Meer, eisfrisch wie vom Gletscher gekühlt, störte das allgemeine Wohlbefinden. Alles andere dagegen bescherte nur Fröhlichkeit, pflegte die gute Laune bei meinem zweiten Besuch des romantischen Hafenstädtchens Büsum an der Nordseeküste. Das Hotel heißt „Tum Stüürmann", für Nicht-Norddeutsche: „Zum Steuermann". Das Feriendomizil war mein Lieblingshotel in der Hotelinspektor-Sendereihe bei RTL. Ohne die Dreharbeiten wäre ich wohl nie nach Büsum gekommen und hätte damit auch nicht die intakte Ortschaft erlebt, die eigentlich nur durch die Büsumer Krabben bekannt wurde. Allzu oft im ganzen Land werden beim Modernisieren alte stilistisch wertvolle Bauten durch Glas- und Betonkästen ersetzt, einer hässlicher als der andere; hier blieb alles ein harmonisch zusammengefügtes Bild von anno dazumal, vom alten Hafen über die Einkaufsstraßen bis zum alles überragenden Leuchtturm.

In diesem Rahmen ist das Hotel zu sehen, das unbedingt Hilfe brauchte. Die Geschichte hinter dem romantischen Feriendomizil ist wahrlich nicht beschaulich oder gar vergnüglich: Ein junger Mann verliert ganz plötzlich seinen Vater, der vorher nie krank war, und steht nun plötzlich mit einem von Schulden belasteten Hotel an der Nordseeküste da, das auch noch einen gigantischen Renovierungsstau hat, weil der Vater ein Sparfuchs war. Zu allem Überfluss musste sich Dirk Wittig selber eingestehen, dass er sich mit der Hotellerie und deren Abläufen vorher nicht beschäftigt hatte. Er stand also von jetzt auf gleich hilflos vor einem unbezwingbaren Berg. Der Vorteil: Er und seine Lebensgefährtin waren zu hundert Prozent bereit, alles zu tun, um extrem schnell fit für den Hotelalltag zu werden und dazu das Hotel auf Vordermann zu bringen.

Unglaublich, aber wahr: Nach gerade mal einem Monat war das Gesamtbild, also alles, was man von einem kleinen, individuellen Hotel erwartet, nach manchmal schneidender Kritik, nach Anregungen, Konzepten und Schulung sowie Überarbeitung der „Hardware" sehr zufriedenstellend und konnte stolz präsentiert werden. Die Lage ganz nahe dem Leuchtturm war schon immer erstklassig, die schöne Fassade, dieser erste äußere Auftritt, ebenso das Restaurant und die dreißig Zimmer waren verjüngt, mit „Frischzellen“ und Wohlfühlaroma versehen. Doch wie in jedem Hotel ist das nur der Rahmen. Die Bereitschaft zur Dienstleistung, zum Service am und für den Gast, die so entscheidend ist, erlebte ich hier uneingeschränkt positiv. Herzlichkeit und ein freundliches Lächeln löschen dabei jeden hoteltechnischen Fehler, der noch passieren kann. Das gilt logischerweise nicht nur für das Hotel „Tum Stüürmann“, sondern für das Übernachtungs- und Gastgewerbe in allen Sternekategorien. Die Küche mit den Gerichten des rauen Landstrichs, der ständig vom Meer geprägt wird, präsentiert sich heute unverfälscht rustikal und nach notwendigem Personalwechsel in der Küche auch gut gemacht. Zum Abschied genoss ich die erwähnten Krabben mit Rührei und frischem Fisch, der gerade vom Kutter an Land gebracht worden war.

Übrigens gingen nach der Sendung tausende von Anfragen beim „Stüürmann“ ein. Für die nächste Zeit ist er so gut ausgebucht, wie es sich nicht hätte träumen lassen. Darüber freue ich mich natürlich mindestens ebenso wie über die gute Quote: 16,9 Prozent.

# Heilquelle sprudelt im Hotel

## DER NASSAUER HOF BIETET WELLNESS VOM FEINSTEN

Wellness ist das Branchen-Schlagwort der letzten Jahrzehnte. Dieser Begriff hat sich weltweit förmlich über die Hotellerie gebettet. Zu Beginn, in den achtziger Jahren, war es nur ein bisschen zusätzliche Gästepflege.

Als Marketinghilfe gedacht, entwickelte sich das Programm in Windeseile zu einem beherrschenden Werbeargument: Wellness, Fitness, Thalasso, „Vital und Schön", Spa, Medical Spa, und und … das ABC der Wohlfühlprogramme im Übernachtungsgeschäft. Ich habe es oft genug erlebt, nahezu jedes Hotel, das mit der Zeit geht, wirft sich in diese Spur, jeder Dorfgasthof verkauft ein Gesundheitsprogramm und wenn es tatsächlich nur ein Planschbecken und die gesunde Landluft ist.

Alles gewiss sehr unübersichtlich für den gesundheitsbewussten Gast. Das krasse Gegenteil zu diesen Niederungen erlebte ich beim Besuch der „Urzelle“ der Idee, im Nassauer Hof in Wiesbaden. Wer kritisch hinsieht, darf auch mal jubeln.

In jeder bedeutenden Metropole gibt es ein Paradehotel, dessen Name automatisch fällt, wenn Genuss- oder Geschäftsreisende in der Stadt zu tun haben.

Nur Frankfurt ist da die große Ausnahme. Das beste Hotel von Frankfurt, so sagen Kenner, das ist der Nassauer Hof in Wiesbaden. Das klingt komisch, aber das Hotel ist in zwanzig Autominuten vom Rhein-Main-Flughafen zu erreichen. Übrigens ist der Nassauer Hof Deutschlands traditionsreichstes deutsches Grandhotel. Bereits im 11. Jahrhundert wurde das Domizil als „Heriberga“ erwähnt und seit 1774 werden hier die Quellenrechte genutzt: gesundheitspflegendes Thermalwasser für das Hotelschwimmbad. Es gehört für mich zu den freudvollen Momenten des Alltags, hier schwimmen zu können mit dem Blick über die Dächer der schönen Stadt. Bis heute ist der Nassauer Hof kein Massenbetrieb, sondern hebt sich ganz gezielt als Oase für Lebensart von den Kettenhotels ab, die sich im Eiltempo zu vermehren scheinen.

„Wenn man einen Ort besonders schön findet, ist der erste Impuls, den Platz zu verschweigen“, schreibt John Steinbeck. „Du denkst, wenn ich es verrate, kommen mehr Touristen und dein

Lieblingsplatz fährt zur Hölle. Das gilt auch für besondere Hotels."

Doch das Selektions-Hotel hat sich seinen besonderen Status bewahrt. Geradezu zeitgemäß ideal ist die vom Mitbesitzer und Direktor Karl Nüser gebastelte Kombination im Trend unserer Tage: genießen, aber stets mit Blick auf die Gesundheit. Für Genuss steht das Gourmetrestaurant, die „Ente", die – noch ein Superlativ – mit einunddreißig Jahren am längsten von allen deutschen Hotelrestaurants den Michelin-Stern behauptet. 1978 war das Restaurant von Hans-Peter Wodarz, damals noch als „Ente vom Lehel", eröffnet worden.

Ich habe mich ohne förmliche Anmeldung in ein lauschiges Eckchen der herrlichen Blumenterrasse verzogen und die angenehm leichte „Enten-Küche" genossen. Fazit: In jedem Fall eine ehrliche Empfehlung für alle, die klassische Gerichte modern und frisch interpretiert haben möchten, aber keine Lust verspüren, sich vom Stickstoff-Theater der überzogen modernen Molekularküche nerven zu lassen. Die Crew verzichtet auf schwer belastende Gerichte, sondern zaubert – für heiße Sommertage geradezu ideal – naturbelassene Köstlichkeiten aus dem Meer und von ausgewählten Landhöfen.

# So macht die Überfahrt Freude

## THOMAS ALTHOFF VERJAGTE DIE GOLDENEN (KITSCH-)LEOPARDEN, SORGT FÜR ELEGANZ

Deutschlands erfolgreichster Hotelier Thomas Althoff (keine andere Gruppe hat so viele Michelin-Sterne in den Hotelrestaurants wie er) ging auf Leopardenjagd. Keine Sorge, er wollten den wunderschönen Wildkatzen nicht ans Fell; Althoff säuberte lediglich mit gutem Geschmack das Seehotel Überfahrt in Rottach-Egern am Tegernsee von ganzen Herden goldener Leoparden auf Kissen, Dekorationen und von Glitzer und verstaubtem Glamour.

Der Kitsch von einst in der Ausstattung wurde anschließend von Deutschlands bester Interieur Designerin Anna Maria Jagdfeld in gediegene Wohnlichkeit und Eleganz verwandelt. Das Überangebot an Gold und Brokat wurde gegen warme Erdtöne und dezente Farbkombinationen gewechselt. Die stilsichere Hotelausstatterin ließ die Wände mit schönen Mosaiken (nach Auszügen aus dem Gästebuch der alten Überfahrt von 1870 gestaltet) zieren. Ein weiterer Schritt für die Neugestaltung kam im angenehmen Doppelpass-Spiel mit dem Immobilienbesitzer zustande, ein überfälliger (teurer) Umbau des Restaurant- und Eingangsbereichs. Welch Wohltat im Vergleich zu früheren Jahren dieses Hotelresorts!

Jetzt gehört die Überfahrt für mich zu den allerschönsten Ferienhotels im Lande. Nicht allein wegen der stimmigen, zeitlosen „Hardware", auch der Blick vom Balkon auf den romantischen Malerwinkel, den faszinierendsten Flecken am Tegernsee, ist unvergesslich. „A room with a view", wie die Amerikaner sagen, ist für den Gast eben doppelt wertvoll. Und dann geht die Liebe, auch zu einem Hotel, doch durch den Magen. Christian Jürgens, der Zwei-Sterne-Koch und Küchenchef hier, gehört zu den kreativsten im Lande. Nehmen Sie seine Kartoffelkiste; ein butterzartes Kartoffelgebilde ummantelt das Gelbe vom Bio-Ei mit einer gehörigen Portion Trüffel. Klingt einfach, ist aber eine großartige Aromakombination.

Eine Freude zu sehen, wie das Seehotel Überfahrt unter Althoff-Regie durch zeitlose Eleganz besticht, durch großzügige Räumlichkeiten und eine Technik, die in Sachen Umweltschutz eine Sonderstellung einnimmt. Darüber hinaus ist eine Sicherheitsausstattung im Einsatz, die besonders für Gäste mit höchsten Anforderungen gedacht ist.

Der in einem Feriendomizil unverzichtbare Wellnessbereich erfüllt anspruchsvolle Wünsche durch ein Angebot auf über zweitausend Quadratmetern Fläche mit sieben verschiedenen Saunen, Außen- und Innenpool und umfassendem Behandlungsangebot. Es gibt einen eigenen Strandclub direkt am See und die großartige Landschaft um das Hotel herum bietet umfang-

reiche Möglichkeiten zur Entspannung und Aktivität. Und dann sitze ich am Abend auf der Terrasse und genieße die Stille. Es gibt noch Orte, an denen man „die Ruhe hören“ kann.

Der Föhn steht überm Land, lau und wartend, unnatürlich scharf die Bergkonturen zeichnend. Perlgrau ist der Himmel und manchmal aufgepflügt vom Licht, das seegrün und silbern stillsteht und schimmert, hier am für mich schönsten Platz im Tegernseer Tal.

# Die kleinen Großen, abseits der Metropolen

## HOTELEMPFEHLUNGEN DER BESONDEREN ART

Die großen Grandhotels sind seit Jahrhunderten Bühnen für Filme, für Romane und TV-Serien. Sie sind spektakuläre Erlebniswelten. Ich liebe die Geschichte und die Geschichten der Spitzendomizile in aller Welt. Garantie für völlig kritikfreien Aufenthalt wird es freilich auch beim Einchecken in Fünf-Sterne-Hotels nicht geben. Im Gegenteil: Es ist wahrlich nicht alles Glanz und Gloria, was in diesem Bereich angesiedelt ist, und ebenso wenig erlebte ich nur Flops in unterklassigen Häusern. Oft ist es genau umgekehrt. Glauben Sie darum nicht ausschließlich der Sterneklassifizierung des Hotel- und Gaststättenverbandes. Da werden lediglich Listen abgehakt, was ein Hotel in den einzelnen Kategorien bieten sollte, aber ob Service mit Herz die Gäste pflegt und ob das Hotel wirklich eine Seele hat, wird nicht gecheckt.

Bei meinen Reisen erlebte ich einige Häuser im Vier-, manchmal sogar im Drei-Sterne-Bereich mit herausragender Qualität, die der Gast freudig fühlt. Nach mehr als zwei Jahrzehnten habe ich beispielsweise wieder mal im Hotel Ritter in Durbach, weit weg von den Metropolen, angenehm gewohnt. Dieses Traditionshaus, das 1656 erstmals urkundlich erwähnt wurde, war in den siebziger Jahren eine unserer ersten Gourmetadressen. Nach einer langjährigen Schwächeperiode erstrahlt das Hotel unter der aktuellen Führung in neuem Glanz. Ich wurde in das erstklassig vorbereitete Zimmer begleitet, freute mich über frische Blumen, Obstschale und Grüße der Inhaber und ein Frühstücksbüfett der Extraklasse.

Ähnliche Erfahrungen durfte ich im Vier-Sterne-Hotel bei Schumann in Kirschau/Oberlausitz machen. Ein wunderbares Haus, glänzend geführt – die Chefin hatte lange bei Hermann Bareiss in Baiersbronn gearbeitet – und mit absoluter Sterneküche gesegnet. Wenn ich dann noch an die kleine „Talmühle" im Schwarzwald, dem persönlichen Haus der Familie Fallert, denke, wird mir warm ums Herz. Wie schön, dass es derartige Drei- bis Vier-Sterne-Häuser gibt, ob sie nun allgemein bekannt sind oder nicht.

Von den neuen Domizilen im Lande bin ich vom Hotel Budersand auf Sylt begeistert, nicht nur weil die „Hardware" erstklassig ist, sondern weil von der ersten Begegnung am frühen Morgen bis zum letzten Drink an der Bar der Gast von allen Mitarbeitern des Hauses geradezu aufopfernd bedient wird. Hier ist spürbar, dass Service nicht einfach ein Job sein kann, den man abarbeitet, sondern Passion. In Radebeul (von dem Ort hatte ich vorher noch nie gehört) vor den Toren Dresdens versteckt sich ein weiteres Kleinod, das Hotel Sorgenfrei, ein Mini-Sanssouci sozusagen. Nur vierzehn großzügige Zimmer und ein erstklassiges Restaurant. So richtig romantisch wird es an warmen Abenden zum Dinner im Freien bei Fackellicht.

Mit dem „Fürstenhof" in Celle in Niedersachsen habe ich ein klassisches Kuschelhotel für eine Auszeit gefunden. Es wird von der Thomas-Althoff-Gruppe gemanagt. Die schafft es seit Jahren mit Bravour, das kleine, feine Domizil (sechsundsiebzig Zimmer und Suiten) auch durch schwierige Zeiten zu steuern, nicht am Gast zu sparen und das Hotel trotzdem nach besten Möglichkeiten liebevoll frisch zu halten.

Was der kleine „Fürstenhof" im Bereich Essen und Trinken (F&B) anbietet, ist außergewöhnlich. Neben dem eleganten Sternerestaurant „Endtenfang" (von Graf Pilati brillant gestaltet) und dem gemütlichen Bistro wird authentische italienische Küche in der Trattoria Palio serviert. Übrigens behauptet das Gourmetrestaurant seit neunundzwanzig Jahren den Michelin-

Stern. Und nach dem Dinner zum Abschluss ein Glas Champagner in der schönen Bar – und dann ab ins Zimmer. Alles ist picobello sauber, wohnlich, ohne den großen Prunk der wallenden Faltenwürfe eines Grandhotels; dafür ist Gemütlichkeit Trumpf und liebenswerter Service, hier abseits der Metropolen.

# Einst bekam Heinrich Heine Hausverbot

## DER NEUE BREIDENBACHER HOF IN DÜSSELDORF IST DER SHOOTINGSTAR DER BRANCHE

Sie verleihen der Branche den ganz besonderen Glanz, die wenigen Hotellegenden im Lande mit Tradition und Klasse. Natürlich ist der Breidenbacher Hof in Düsseldorf direkt an der Prachtstraße „Kö" (Königsallee) glänzend platziert. Jahrelang war dieses Zentrum des gesellschaftlichen Lebens nur noch eine hässliche Bauruine, dann wurde das einstige Prachtstück des Hospitality-Gewerbes mit unglaublichem Kostenaufwand wieder aufgebaut. Ich habe als erster Gast dort gut geschlafen, mein Domizil war die 502 mit hochklassiger Ausstattung, offenem Kamin und riesigem Bett (feste Matratze, auf Wunsch mit Daunenunterbett). Das Marmorbad entspricht total meinem Wunschdenken: ebenerdige Duschkabine ohne Stolperstufe, Jacuzzi-Wanne, viel Ablagefläche und die Toilette separat außerhalb der Nasszelle. Der

Flachbildschirm muss nicht sein, ist aber für den Geschäftsmann durchaus angenehm, um sich schon im Bad von Börsennachrichten und Tagesnews informieren zu lassen. Das Capella-Team kümmert sich bereits vor deren Ankunft um die Gäste. Wer mehr als einmal anreist, wird vorher angerufen, um persönliche Wünsche abzufragen und Vorbereitungen zu treffen. Gleich nach dem Einchecken geht's ins so genannte Wohnzimmer. So bezeichnet Horst Schulze die hochelegante Gäste-Lounge, die ein kleines Frühstück, Drinks und Appetithäppchen bietet. Hier wie überall im Haus fällt die hochwertige Einrichtung auf. Was in anderen, auch durchaus erstklassigen Gruppenhotels nur Verkleidung und Blendwerk ist wurde hier durch den Interieur-Spezialisten Peter Silling mit edelsten Materialien gestaltet. Klar hat das alles seinen Preis.

Für Hotelverrückte wie mich ist hochinteressant, dass in die Planung des Edeldomizils, in dem einst der große Heinrich Heine rausgeworfen wurde, weil er langhaarig und ungepflegt ausgesehen haben soll, eine umfassende Untersuchung einfloss, was Vielreisende vom Hotel erwarten und was sie besonders mögen. Das Ergebnis mutet ein wenig wie die Quadratur des Kreises an. Einerseits möchten die meisten den Komfort und die Bühnenatmosphäre eines großen Grandhotels und dann, wie paradox, das Wohlfühlaroma, die ganz persönliche

Ansprache und den Service kleiner Individualhotels. Aus diesem nicht einfach zu verarbeitenden Stoff wurde das Gesamtkonzept des neu erbauten Breidenbacher Hofs geschneidert. Nehmen Sie das Frühstück: In 96 Prozent aller Fünf-Sterne-Hotels wird ein Büfett angerichtet. Für den Einzelreisenden mag das ja angenehm sein. Bei Gesprächen, ganz gleich, ob zärtlichen oder arbeitstechnischen, ist es aber maßlos störend, wenn einer ständig auf der Wanderschaft zum Büfett ist. Hier wird auf Wunsch das komplette Angebot auf kleinen eleganten Tischetageren angerichtet und frisch geschnittener Schinken und warmes Brot an den Tisch gebracht.

Nahezu zweihundert Jahre nach der ersten Grundsteinlegung des Breidenbacher Hofs (nach dem Gründer Wilhelm Breidenbach benannt) ist das Gründungsmitglied der Leading Hotels of the World wieder auf dem Weg zur Spitze.

Hotels, ganz gleich welcher Sternekategorie, mögen noch so gelungen gestaltet sein und ein aufregendes Ambiente haben, entscheidend für die Klasse ist letztendlich die Antwort auf die Frage, ob das feine Domizil eine Seele hat. Gemeint ist damit die Persönlichkeit, die den Gast fasziniert. Und dafür sorgt in erster Linie der Direktor oder neudeutsch, der General Manager. Und da fehlt es leider gewaltig an profilierten Kräften in der jungen Garde der deutschen Hoteliers. Eine der großen Ausnahmen, vielleicht der allerbeste der Hotelchefs um die vierzig ist Cyrus Heydarian, der Hausherr in der Hotellegende Breidenbacher Hof. Hervorgetan hat sich Heydarian als umsichtiger Hoteldirektor des in Königstein im Taunus gelegenen Fünf-Sterne-Kempinski-Hotels Falkenstein. Zudem überwachte und leitete er die Renovierung und Wiedereröffnung der Villa Rothschild Hotel & Restaurant, die zu den Leading Small Hotels of the World gehört. Unter seiner Obhut als General Manager erhielt das Gourmetrestaurant der Villa Rothschild innerhalb eines Jahres nach der Eröffnung im März 2007 seinen ersten Michelin-Stern. Freunde von Horst Schulze, des Chefs der Capella-Gruppe als Betreiber, hatten Heydarian empfohlen und diese Kombination passt in der Tat. Heydarian ist der smarte Gastgeber, gutaussehend, geschliffen in den Umgangsformen und knallhart im Business.

Von Domizilen dieser Klasse kann ein Hotelmanager nur träumen: 79 Gästezimmer und sechzehn Suiten; ergänzt wird das Angebot mit einer ganz besonderen Offerte: der Klinik im Hotel. Hier wird exakt der Nerv unserer Zeit getroffen. Die Bandbreite ist enorm, von Leistungsdiagnostik (Check-ups) über Schönheitschirurgie bis zu Zahnästhetik und Haartransplantation. Die neue Privatklinik mit „Pearl of Aesthetic“ und „Clinic of Medical Experts“ ist so ziemlich das Beste in diesem Bereich.

# Hoteltest auf der MS Europa

## EINES DER BESTEN GRANDHOTELS GLEITET ÜBER DIE WELTMEERE

Ein Hoteltest auf einem Kreuzfahrtschiff, ja, geht das denn? Problemlos und besonders angenehm, wenn es sich um ein absolutes Fünf-Sterne-Schiff handelt, weil diese Kategorie ja grandhotelgleich über die Weltmeere gleitet. Alle Hotelkriterien sind übertragbar, mit einer winzigen Ausnahme: Was ich bei Hotels nachdrücklich betone, dass nämlich die Toilette stets außerhalb der Nasszelle zu sein hat, lässt sich aus Platzgründen auch auf absoluten Top-Schiffen nicht realisieren. Ansonsten ist die „Hardware", also Größe, Schnitt und Ausstattung der Suiten, das Gesamtambiente, Restaurants und Facilities, als Rahmen für einen erstklassigen Service durchaus vergleichbar. Die Begrüßung, der Check-in auf der MS Europa, ist herzlich, die Abwicklung professionell. In Hotels setze ich sechs Minuten als Limit, dann sollte das Gepäck auf dem Zimmer sein. Obwohl die Situation mit den verschiedenen Decks komplizierter ist, schafft es auch die MS-Europa-Crew. Die Suite (von Kabinen spricht schon lange keiner mehr) ist mustergültig vorbereitet. Sie duftet frisch, ist klinisch sauber und auf dem Tisch liegt neben Blumen und Obst ein Willkommensbrief. Hier ist der Kunde keine austauschbare Nummer, sondern wirklich Gast.

Mein Bett war so platziert, dass ich vom Kopfkissen den unendlichen Ozean sehen konnte, wichtigste Wunschvorstellung aller Meeresanbeter unter den Genussreisenden. Damit bietet das einzige Fünf-Sterne-Plus-Schiff unter den 400 „Musikdampfern" auf den Weltmeeren, die nur denkbar angenehmste Unterkunft auf Wellen (zumeist mit Balkon). Ein echtes Grandhotel als ständiger Begleiter: kein Kofferpacken bei ständig wechselnden Zielen. Für mich wie für alle von der Faszination der Weltmeere Beseelten sind die vorbeiziehenden Bilder nur wie die wechselnden Farben des Passepartouts. Was eigentlich zählt, ist das Dahingleiten ohne Hast, das Spiel der Wellen bis zum Horizont, der Wind, der nie zur Ruhe kommt, auch die krächzenden und kichernden Möwen, die das Schiff begleiten: unverwechselbare Atmosphäre auf See. Das Bild der Kreuzfahrt. Darum sind die Destinationen auch austauschbar. Die oft verwandte Weisheit, wonach der Weg wichtiger als das Ziel ist, erfährt

Bestätigung. Im Heck des Schiffes zu sitzen, in die noch milde Morgensonne zu blinzeln, wann immer sie vorüberziehende Wolkenfelder abgeschüttelt hat, wird zur Lebenslust pur.

Ich hatte übrigens die MS Europa für einen „Hoteltest" gewählt, nicht einen der üblichen „Musikdampfer" der modernen Glaskasten-Generation, sondern den Klassiker, der in allen Kreuzfahrtführern immer wieder zur Nummer eins gekürt wird.

Zurück zu den Abläufen an Bord: Ohne jede Beanstandung arbeitet meine Room-Maid. Selbst bei pingeligsten Checks an Spiegel, Zahnputzglas oder der Unterkante des Tisches gibt es keinen Minuspunkt. Das gilt auch für den Turndown-Service, den zweiten Servicegang am Abend

mit Aufdecken und Platzieren des Programms für den nächsten Tag. Um bei der „Software" zu bleiben: In den Restaurants sind die Bedienungsabläufe, sind Kompetenz und Freundlichkeit der Mitarbeiter so außergewöhnlich gut wie ich sie nur selten in den besten Hotels der Welt finde. Fast schon selbstverständlich, dass es im Gegensatz zu einem anderen deutschen Schiff mit großer TV-Kulisse hier auf der Europa nur eine Dinner-Sitzung gibt.

Noch einmal die Essenszeit im Blick: Das F&B-Angebot (Essen und Trinken) ist in der Summe aller Wertungen vorzüglich. Neben dem Hauptrestaurant, das köstliche Menüs zur Auswahl bietet, gibt es eine voluminöse Salat- und Obstbar. Zum Selber-Zusammenstellen.

Gleich nebenan wird original Cucina italiana serviert. Hier sind Reservierungen nötig (aber ohne Aufpreis). Gegenüber ist das Oriental, das asiatische Restaurant. Trotz eines besonders herzlichen Services für mich als einziges nicht ganz überzeugend, weil die asiatische Küche zu stark auf europäisch getrimmt ist. Hier wünschte ich mir einen erstklassigen, kompromisslosen asiatischen Koch. Das Thema erledigt sich inzwischen, hier entsteht ein Gipfel der Gourmandise, Dieter Müllers Restaurant. Der dienstlängste deutsche Drei-Sterne-Koch wird selber am Herd stehen und nicht nur den großen Namen zur Verfügung stellen. Ein weiteres Restaurant für Frühstück, Lunch und Dinner ist das Lido-Café. Vor allem frühmorgens sitze ich dort gern und schaue am äußersten Heck des Schiffes der silbernen Spur der dahinkräuselnden Wellen nach. Das Angebot von einer breiten Früchteauswahl bis zu Lachs, Meeresfrüchten, Aufschnitt und süßen „Naschwaren“, auch als Gebäck, ist tadellos.

Nach dem Dinner ist Showtime. Ganz gleich, ob es sich um Musik oder Tanz handelt, um die Jazz Vocal Nights oder um spannende Vorträge; immer sind es die Besten der Besten, die an Bord geladen sind, die Entertainer-Legende Udo Jürgens zum Beispiel oder der Starbariton Thomas Quasthoff oder die personifizierte Dynamik Roberto Blanco, der mit seinen Rhythmen die

Gäste dermaßen mitriss, dass das Schiff auf den Wellen tanzte. Die volle Punktezahl gibt es ebenfalls für die liebevolle Betreuung an den Bars. Mein Favorit ist hier die Sansibar.

Der Abendspaziergang durch die Gänge über die Decks zeigt mir einmal mehr, in welch tadellosem properen Zustand das Hapag-Lloyd-Flaggschiff ist. Das gilt übrigens für alle Bereiche, auch für Bibliothek, Shops und den Golfsimulator. Mit liebevoller Betreuung und klinischer Sauberkeit überzeugte mich der Spa mit Massagekabinen und Schönheitssalon. Ich nutzte Pediküre, Frisör und Massage. Gute Arbeit und oberes Preisniveau.

# Luxus auf Sylt

## ZWEI NEUE HOTELS BRINGEN GLANZ AUF DIE INSEL

Der Genussreigen auf der Sehnsuchtsinsel der Deutschen, Sylt, wiederholt sich täglich mit der ganzen Bandbreite, vom Matjesbrötchen am Gosch-Stand bis zur vielfältigen Sterneküche, die ständig raffinierter und internationaler wird. Schon immer ging von Sylt etwas Magisches aus, dank wildromantischer Naturkulisse und dem Umschlungensein vom Meer, doch jetzt ist auch das Hotel- und Restaurantangebot faszinierend komplett, für eine Insel geradezu unschlagbar geworden. Natürlich boten Sterneköche wie Johannes King oder Jörg Müller oder Holger Bodendorf im Landhaus Stricker seit Jahren besondere Küchen und Wohlfühlrestaurants, gehörten Hotels wie Stadt Hamburg, Benen-Diken-Hof oder auch der Söl'ring Hof zur Top-Hotellerie. Durch zwei neue Hoteladressen aber erlebte ich eine geradezu sensationelle

Aufwertung: an den beiden Spitzen der Insel, am nördlichen Ende bei List das jüngste Luxusresort A-ROSA und im ruhigen Süden, in Hörnum, das Hotel Budersand, ein privates Hotel der Unternehmerin Claudia Ebert und in meiner ganz persönlichen Wertung das kompletteste Angebot aller europäischen Küstenhotels.

Die Küche des Restaurants KAI3 arbeitet unter der Regie von Jens Rittmeyer absolut auf Sterneniveau, das Bistro ist eine köstliche Alternative, die Serviceleistung ist mustergültig, der Spa-Bereich teuer, aber vorzüglich, und wer vom Golf-Bazillus befallen ist, erlebt einen 18-Loch-Golfplatz, der sich durch die Dünenlandschaft schlängelt und mit tiefen Topfbunkern und schnellen Grüns für mich zu den faszinierendsten auf dem alten Kontinent zählt. Während der äußere Eindruck der Hotelanlage in seiner konsequenten Geradlinigkeit eher wie das Headquarters eines Konzerns wirkt, ist die Inneneinrichtung, das Gesamtambiente in den vier Häusern des Hotels, die durch begrünte Lichthöfe miteinander verbunden sind, kaum zu übertreffen. Sie sehen, wer kompromisslos kritisiert, darf auch mal euphorisch jubeln. Unzählige Gründe gibt es dafür. Die riesigen Panoramafenster, die freie Sicht über das Meer bis zum Horizont ermöglichen, die sonnenüberflutete Frühstücksterrasse, die Einrichtung der Zimmer und Suiten. Erstmals habe ich in Hotelbädern Kosmetikkühlschränke gesehen und einmalige Blumenkompositionen (Blumen signalisieren Leben). Also alles nur vom Besten? Mehrheitlich, doch Perfektion ist ein immerwährendes Streben, ohne ans Ziel zu kommen. Wer sich hier im Hotel Budersand beispielsweise keine Suite oder Deluxe-Zimmer gönnt (oder leisten kann), wird die Standardzimmer schon beengt finden. Sie haben zwar einen schönen Balkon, aber doch nur sechsundzwanzig Quadratmeter. Das ist

aber auch mit großer Seeschärfe betracht schon alles. Spätestens beim vorzüglichen Frühstücksbüfett mit allen Delikatessen des Meeres und des Landes werden die kleinen Mäkeleien vom Wind verweht, der hier auf der Spitze der Insel niemals einschläft.

Das A-ROSA genau auf dem entgegengesetzten Zipfel der Insel ist weniger luxuriös, dafür familienorientierter. Die Kinderbetreuung ist mustergültig, der Restaurantbereich attraktiv. Leider gibt es keinen direkten Zugang zum Meer – aber da ist ja noch Spielraum für die Zukunft.

Ungewöhnlich gut erlebte ich den F-&-B-Bereich des Hotels. Alle Geschmacksrichtungen von asiatischen bis regionalen Köstlichkeiten der Küste werden bedient. Eine Empfehlung!

# Filmstar zertrümmerte Präsidentensuite

## WAS SICH GÄSTE SO ALLES IM HOTEL LEISTEN

Unglaublich, was sich Gäste manchmal leisten. Und das Personal muss es oft ausbaden. Dabei liest sich die Wunschliste, die Mitarbeiter im Hotel an ihre Gäste gerichtet haben, doch so bescheiden: „Wir sind gerne Diener, aber behandeln sie uns nicht wie Lakaien. Fingerschnippen und Befehlston sind unangemessen. Wir bitten um etwas Geduld und gehen Sie bei Fehlern nicht gleich in die Luft. Vor allem sollten Gäste auch den Wert der Hotelausstattung akzeptieren und nicht damit umgehen, als haben sie mit ihrem Übernachtungspreis das Recht erworben, alles zu Schrott zu verarbeiten."

So wie es beispielsweise der große Schauspieler Orson Welles im Copacabana Palace getan hat, der nach 25 Caipirinhas die gesamte Einrichtung der Präsidentensuite zerlegte und dann aus dem Fenster warf. Die Möbel krachten sechs Stockwerke tiefer auf die Promenade. Der bedeutende Mime hatte sich nicht über Fehler im Hotel geärgert, sondern war bei einer schönen Brasilianerin abgeblitzt. Zu unterschiedlich waren die Wünsche. Sie wollte nur ein Autogramm und er versuchte gleich, mit ihr aufs kühle Laken zu gelangen. Sie wehrte sich, rannte aus der Suite, da rastete er aus.

Ein hochverdientes Loblied muss hier auf die Brigade der Zimmermädchen angestimmt

werden, die nämlich am häufigsten mit den Entgleisungen unbedachter oder übler Gäste konfrontiert wird. Die flinken Feen leisten oft Unglaubliches, vor allem dann, wenn so genannte Stars aus dem Showgeschäft wahre Hotelexzesse zelebrieren, die nur hin und wieder mit großzügigen Schweigegeldern abgefedert werden. Dafür entsorgten Zimmermädchen voll urinierte Blumentöpfe, ignorierte der Butler im Londoner Claridges die Spuren des Drogenkonsums von Supermodels. Das Hotel, für viele ein Sehnsuchtsort, ist für Paris Hilton scheinbar auch eine Stätte des Aggressionsabbaus. In einem Hotel, das ihren Namen trägt, hinterließ sie ein Schlachtfeld des Grauens und im Hard Rock Hotel in Las Vegas verursachte sie nach wilden Orgien ein Trümmerfeld der Zerstörung. In einem Hamburger Hotel erzählt mir der Direktor von einer Rockband, die ihr eigenes „Festival“ in ihren Zimmern organisierte. Erst nervten Gesang (oder Gebrüll) und endloses Palaver auf den Gängen die übrigen Gäste, dann mussten sie auch noch die Akustik einer Pornoorgie über sich ergehen lassen. Weil die Musiker die Türen offen stehen ließen, damit die Groupies nach getanem Liebesdienst auch von Suite zu Suite, von Musiker zu Musiker wechseln konnten. In dem Zusammenhang denke ich auch an die Entgleisung eines russischen Milliardärs, der in einem griechischen Grandhotel seiner Gespielin beim Dinner den String auszog und dann vor den Augen der entsetzten Servicedamen zur Sache ging … Auch wenn es ebenfalls russische Gäste waren, die bei einer Feier um Mitternacht im Berliner Hotel InterContinental mit eingeschmuggelten Waffen sämtliche Lampen ausschossen, möchte ich nicht die Gäste aus diesem Land allgemein als besonders problematisch abtun. Verbale Verurteilungen sind nicht angebracht. Eine Geschichte freilich ist so entsetzlich, dass sie in dieses Kapitel gehört. Da hatte ein Gast eben aus jenem angesprochenen Land ein Stück vom wertvollen Teppich millimetergenau unter dem Bett herausgeschnitten und mitgenommen, ebenso ein Gemälde aus dem Rahmen. Als der Schaden bemerkt wurde, war der Hoteldieb bereits jenseits der Grenze. In einem New Yorker Hotel ging ein Schuhklau um. Die Gäste, die ihr Schuhwerk im Weidenkörbchen zum Putzen vor die Zimmertür gestellt hatten, mussten am Morgen barfuß laufen. Insgesamt 45 Paar waren verschwunden. Das Hotel zahlte den Schuhlosen den Ersatzkauf nach freier Wahl. Der Schuhklau muss sich durch die Tiefgarage abgesetzt haben. Er wurde nie gefunden. Was machte er wohl mit dem Schuhwerk oder war das Ganze ein kaum verständlicher übler Scherz? Die Liste unglaublicher Entgleisungen ließe sich beliebig verlängern. Es wäre eine weitere Expedition noch jenseits der Grenzen des schlechten Geschmacks.

# Kosmetikfläschchen als Souvenir

## BEI ADA LAUFEN ÖKOLOGISCHE PROGRAMME MIT BESONDEREM CHIC

Wer viel unterwegs ist und in Hotels lebt (für mich sind das jährlich einhundertundzwanzig Nächte), empfindet es als echte Wohltat, in den Domizilen fernab von daheim mit erstklassigen Kosmetikartikel versorgt zu werden. Die Produkte des deutschen Unternehmens ADA (in Kehl am Rhein ansässig) sind dabei so vielfältig, originell und qualitativ derart ausgezeichnet, dass ich gerne Shampoo- oder Lotionfläschchen als praktisches Souvenir mit nach Hause nehme. Da bin ich übrigens völlig anderer Meinung als der Hotel- und Gaststätten-Verband, der die Mitnahme als „unerlaubt" bezeichnet. Für mich sind das – im Gegensatz zu Bademänteln und Handtüchern – tägliche Verbrauchselemente, die das Hotel im Preis kalkuliert hat und ich kenne nicht eine Hotelgruppe, die das nicht als Marketingaktion begrüßt, vor

allem, wenn das Hotel auch noch eine eigene Produktlinie hat entwickeln lassen.

Ganz gleich, ob in den Häusern der Selektion Deutscher Luxushotels (da haben übrigens Brenner's Park-Hotel und der Nassauer Hof ganz individuell gestaltete Produkte), den Swissôtels oder an Bord der MS Europa, der Aida-Flotte und ebenso in kleinen Familienhotels – überall erfreuten mich die ADA-Produkte und deren Lizenzartikel wie von Bulgari oder

Armani. Was mir besonders auffiel: In diesem speziellen Bereich der deutschen Hotellerie sind im Gegensatz zu etlichen amerikanischen Hotelkosmetikartikeln die konstante Qualität und die umweltbewusste Ausführung herausragend. Sylvia Jensch, die ADA-Marketing-Direktorin, präsentierte mir dazu ganz speziell die Serie „Green Culture“, die sogar das Umweltzeichen der EU trägt. Von der Rezeptur bis zur Verpackung folgt die gesamte Linie strengen ökologischen Kriterien. Da werden nur pflanzliche, nachwachsende Rohstoffe und verträgliche Substanzen verwendet. Das gilt auch für andere Produkte wie die Serie „Naturals“, ebenfall mit grünen Impulsen.

Ohne dass man groß darüber nachdenkt (muss man ja auch nicht) benutzen viele Gäste, ebenso wie ich selber, das häufig angebotene recycelbare Spendersystem für liquide Pflegemittel in etlichen Hotelbädern. Dieses „Press and wash“ ist ebenfalls eine patentierte ADA-Erfindung, die zunächst aus wirtschaftlichen Gründen von Hotels eingeführt wurde. Heute ist es auch hier die Nachhaltigkeit, die hinzukommt. Das recycelbare, beziehungsweise recycelte Material erfüllt höchste ökologische Erwartungen.

Vom Chef des Unternehmens, Wilhelm Könning, erfuhr ich, dass nach einer Auftragsuntersuchung mehr als die Hälfte der befragten Gäste das Hotelbad mit „Hardware“ und Kosmetika nach dem Bett als wichtigstes Zufriedenheitskriterium im Bereich Hotelausstattung bewertet. Überraschend ist das freilich nicht. Hochklassige Hotelkosmetik, die quasi ganz nah an die Haut geht, spielt dabei eine nicht zu unterschätzende Rolle. Fühlt sich der Gast rundum gepflegt, überträgt sich das Wohlgefühl auch auf den Gesamteindruck, den er vom Hotel hat.

In einem Gespräch, das ich mit Könning in der Produktionsstätte nahe Straßburg hatte, unterstrich er meine Meinung, dass die Hotels es sogar wünschen, wenn die Hotelkosmetikartikel vom Gast mit nach Hause genommen würden. Es gebe kaum eine bessere Werbung. Recht hat der Mann.

Übrigens: ADA ist auf gutem Weg, Marktführer weltweit zu werden.

# Glücksbringer im Ritz-Carlton

## DAS PORZELLANSCHWEIN „GEILE SAU" IN DER BRASSERIE

Wenn es um Hotelrestaurants geht, kann sich keine andere europäische Stadt mit Berlin messen, selbst Paris hat nicht so viele Sternerestaurants in Edeldomizilen wie die Metropole an der Spree. Schon aus dem Grund hatte ich vor einiger Zeit nicht verstanden, warum Ritz-Carlton im harten Berliner Markt sein Sternerestaurant Vitrum aufgegeben hat. Die Entscheidung soll nicht für alle Zeiten sein, das Vitrum bleibt aber zumindest für die nächsten Monate geschlossen. Der ganze F&B-Bereich (Essen und Trinken) konzentriert sich jetzt auf das neue Konzept mit der Brasserie Desbrosses, bisher das deutlich preiswertere „Alltagslokal" im Fünf-Sterne-Haus am Potsdamer Platz. Frappierend neu am Programm, das sich Robert Petrovic, einer der Genussexperten in der Gruppe mit dem Löwenkopf im Wappen und aktueller Generaldirektor des Berliner Hauses, erdacht und umgesetzt hat, ist die Kombination des Restaurants mit einer Boulangerie. Aus der, frei übersetzt, französischen Küchenbäckerei, gibt es den lieben langen Tag ständig Spezialitäten aus dem Backofen von provenzalischen Broten und Baguette bis zu köstlichen Crêpes, alles auch für den Außer-Haus-Verkauf. Dazu die feinsten Olivenöle aus Nizza, Orangenblütenhonig aus der Provence und Konfitüre aus dem Elsass. Mit Chansonabenden und Familienessen am Chef's Table wird französische Lebensart zelebriert.

Wie gut aber ist die Produktqualität, sind die Küchenleistungen, die ich vor Jahren einmal deutlich kritisieren musste. Ich probierte das Thunfisch-Carpaccio mit Limonenvinaigrette – es war klasse, von absoluter Sashimi-Qualität. Die Bio-Gänseleberterrine mit Brioche bekam durch grobes Meersalz Biss und wurde durch Apfelkaramell mit der feinen Säure versehen, die die wuchtige Köstlichkeit braucht. Die Tagesspezialitäten stehen jetzt mit Kreide auf großen Tafeln geschrieben. Eine größere Gruppe am Nebentisch ließ sich davon inspirieren und bestellte durchgängig die Meeresfrüchteplatte. Wenn man berücksichtigt, was alles da aufgetischt ist, Austern, Crevetten, Muscheln, Meeresschnecken, bissfest belassener Kaisergranat und Taschenkrebsscheren, dann ist 38 Euro nur auf den ersten Blick happig, faktisch aber nicht zu hoch berechnet. Wie es sich für eine Brasserie gehört, werden gleich sieben Gerichte auf dem Grill zubereitet, ein Schwerpunkt im À-la-carte-Angebot. Zwar müssen die Gäste auf das Chateaubriand eine gute Dreiviertelstunde warten, doch das satte Pfund Fleischköstlichkeit ist eine echte Empfehlung. Gar nichts zu nörgeln? Nur, dass das butterzarte Stubenkücken mit gravierender Blässe auf den Tisch kam, die nichts mit der sprichwörtlichen vornehmen zu tun hat. Es kostet keinen Cent mehr, wenn das Tierchen mit Oberhitze „sonnengebräunt" appetitlich gemacht wird und die Haut den labberigen Charakter verliert. Ansonsten arbeitet die Küche bewusst nicht auf Sterneangriff bedacht, aber wohltuend ordentlich mit guten Grundprodukten. In der Qualitätsskala noch eine halbe Stufe über der Küchencrew setze ich Maître Marcus Scharon, für mich einer der exzellentesten in der Hauptstadt.

Die Brasserie ist nicht nur für Berlin, sondern wahrscheinlich in Deutschland die am schönsten ausgestattete. Interieur Designer Peter Silling entdeckte das Original im französischen Macon. Der Namensgeber Patrick Desbrosses hatte das Lokal in eine Patisserie umgewandelt. Nach dem Tod des Besitzers stand dieses wunderschöne Ambiente ungenutzt. Es wurde von Silling aufgekauft, abgebaut und komplett nach Berlin verfrachtet, einschließlich der „Geilen Sau“ (so der Name des Kunstwerks), des farbenprächtigen Abbilds eines voluminösen Mastschweins, das am Eingang steht. Dem Porzellanschwein in Lebensgröße die Ohren zu streicheln soll großes Glück für den Tag bringen. Wer dran glaubt …

Übrigens: Wer Freunden oder Kollegen noch eine kleine Freude machen will, kann sich für ganze drei Euro einen Crêpe mit Marillenkonfitüre als kleine Leckerei einpacken lassen.

# Wiedergeburt einer Legende

## WIE BEI FAIRMONT SAVOY UND VIER JAHRESZEITEN FRISCH GEMACHT WERDEN

Die ganze Branche steht Spalier. Fairmont macht es möglich. Nie zuvor wurde in Europa mit einem derartigen Kostenaufwand von mehr als einhundert Millionen Pfund ein Hotel aufgefrischt, umgebaut, neu gestaltet. Es ist die Wiedergeburt der Legende Savoy. Dabei bleibt das weltberühmte Eingangsportal der Edelherberge, die legendäre American Bar, bis zum über Jahrzehnte begehrten Savoy Grill, dem Lieblingsrestaurant der königlichen Familie, komplett erhalten. Die 268 Zimmer und Suiten bis hin zur Royal Suite werden vom Interieur Design und der Ausstattung komplett erneuert. Ich bin richtig gespannt, ob dieser Spagat, moderne Wohnlichkeit mit Designeleganz und herausragende Tradition, gelingen kann. In jedem Fall aber ist es schön, dass derartige Domizile aus den Pioniertagen der Hotellerie so liebevoll gepflegt und erhalten werden. Wenn man einmal bedenkt, dass die Geschichte des Hauses in der guten alten Zeit mit einer Oper begann, ist das gewiss Stoff für einen Film. Der Erfolg seiner Gilbert- und Sullivan-Inszenierungen veranlasste einst den Künstler Richard D'Oyly Carte, gleich ums Eck vom Londoner Opernhaus ein Hotel zu errichten, eben das „Savoy". Zur Eröffnung im August 1889 verkaufte der Impresario das Doppelzimmer mit Bad für zwei Schilling. Das neue Hotel bot, was damals technisch überhaupt nur möglich war, beispielsweise elektrische Aufzüge, die im Hotelprospekt als „luxuriös ausgestattete auf- und abwärts schwebende Zimmer" bezeichnet wurden. Siebzig Bäder waren zu jener Zeit fast eine Revolution, vor allem die Größen der Badewannen überraschten. Es wurde als das „sensationellste Zuhause fernab von daheim für Prominente aus aller Welt" gefeiert. Der König der Köche, Auguste Escoffier, waltete am Herd, Johann Strauß dirigierte die Walzerkapelle, Kaiser, Könige und Zar amüsierten sich und Guccio Gucci, der Gründer des erfolgreichen Modeimperiums, arbeitete als Tellerwäscher in der Küche. Nobel geht die Welt zu Grunde. Dann begann das Auf und Ab wie im wirklichen Leben. In den siebziger Jahren wurde der extrem schlechte Service im Savoy beklagt und in den letzten Jahrzehnten schreckte der Renovierungsstau auch die gutwilligsten Stammgäste ab. Vor drei Jahren startete die Fairmont-Gruppe dann das Projekt „Wiedergeburt Savoy“.

Ich freue mich darüber, dass dieser Trend „im alten Geist mit neuer Ausrichtung“ momentan die Branchenszene beherrscht. Ein Meisterwerk der außergewöhnlichen Art gelang in dem Zusammenhang dem deutschen Spitzenhotelier Ingo Peters, Europa-Chef der Fairmont-Gruppe und seit Jahren verantwortlich für das Traditionshaus und Hamburgs Stolz Vier Jahreszeiten. In verschiedenen Bauabschnitten und definitiv, ohne dass der Gast es merkte, wurde das betagte Hotel derart aufgefrischt, dass es wie neu wirkt. Nach wie vor ist die Devise im Flaggschiff der Hamburger Hotellerie, dass Luxus nicht durch Prunk und Protz präsentiert wird, sondern durch eine Vielzahl gästefreundlicher Details. Ganz ohne Frage: Das Vier Jahreszeiten gehört zu Europas Elite.

Ähnlich erfolgreich wie beim Hotel an der Alster waren auch die „Frischzellenkuren“ für die New Yorker Edeladressen „The Pierre“ und „Plaza“, während der Um- und Ausbau des „Dolder Grand“ in Zürich voll danebenging. Da passt wenig zusammen, was eigentlich zusammengehörte. Nur gute Absicht allein ist letztlich eben doch zu wenig.

# Leguane bewachen Golfplatz

## WARUM RITZ-CARLTON MEIN LIEBLINGSHOTEL IN DER KARIBIK IST

Das ist die Verwirklichung der erträumten Wunschvorstellungen im real existierenden Alltag: Vom Kopfkissen aus in meinem Zimmer geht der freie Blick auf das lichte Türkis des Meeres. Rein gar nichts steht dazwischen, nicht einmal die Postkartenpalme, die sich üblicherweise schräg über den Strand lehnt. Ein zarter Streifen dieses blütenweißen, staubfeinen Strandes begrenzt als Saum der karibischen See das spiegelglatte Wasser. Der Ort der Erfüllung liegt auf der Insel Grand Cayman, der größten der gleichnamigen Inselgruppe, unmittelbar an dem Seven Miles Beach, einem der absolut schönsten Puderstrände der Welt. Das Hotel mit der fantastischen Aussicht, ein Ritz-Carlton der modernen Art, gehört für mich zu den drei besten Feriendomizilen der Welt. Ein Resort mit den tollsten Stranderlebnissen, Service der liebenswerten Art und verschiedenen Restaurants, sowohl teure Glanzlichter der Gourmandise, aber ebenso für Gäste mit kleinem Budget. Für alle Aktivitäten präsentiert das Hotel die perfekten Lehrer oder Paten. Für die Taucheinheit Jean-Michel Cousteau, für den Tennisbereich Bollettieri, Küchenchef ist der höchst dekorierte amerikanische Koch Eric Ripert und der traumhaft schöne Golfplatz mit Leguanen und Riesenschildkröten wurde von Greg Norman entworfen, der selber häufig auf der Anlage ist. Am Abend protzt der Himmel mit den Farben des Regenbogens und die eleganten Fregattvögel in den Lüften scheinen zu Scherenschnitten zu erstarren. Ein Gedanke zu den bis zu zwei Meter langen Leguanen, die in den unterschiedlichsten Grüntönen wie Leuchttupfer auf dem herrlichen Golfplatz wirken. Selbst als Profis ihre Runden spielten, wurde die nicht so viel fotografiert wie die Tiere, die die Grüns zu bewachen scheinen, als wären sie dressiert, weichen sie, wenn ein Spieler zum Putten ansetzt.

Es mag ja stimmen, dass das einzige Paradies das verlorene ist, wie Marcel Proust es formulierte, aber die herrliche Anlage hinter Silberflitter auf dem Farbenspiel des Meeres bietet zumindest einen Zipfel davon. Regie in meinem liebsten Karibikziel führt übrigens der Österreicher Franz Ferschke, der jeden einzelnen Mitarbeiter mit Namen anspricht, sein Erfolgsgeheimnis. Grand Cayman, gibt's da nicht noch einen anderen Zusammenhang? Na klar, neben dem Seven Miles Beach hat die Bankmeile mit hunderten Bankvertretungen und Briefkasten-

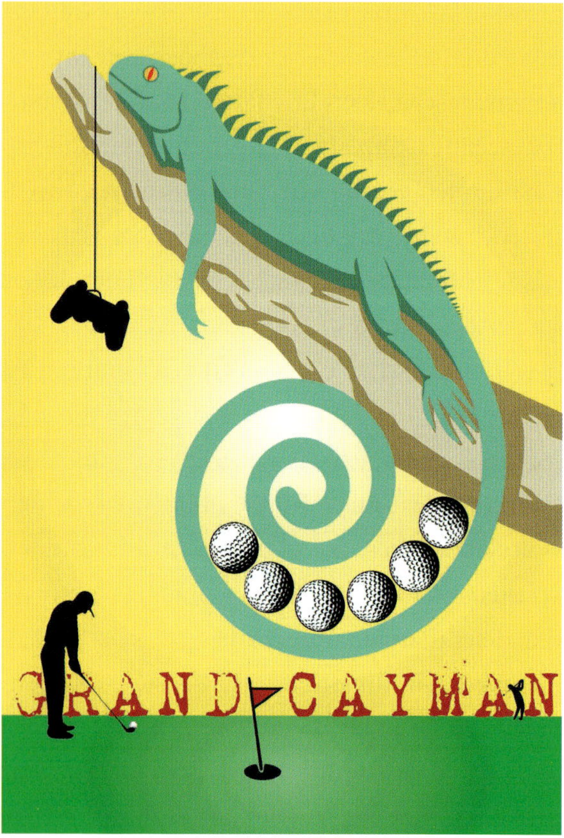


firmen besondere Bedeutung. Aber bleiben wir lieber beim ersten Teil des karibischen Bilderbogens, ohne auf Finanzjongleure und Geldwäsche einzugehen. Leben wir die Inselsehnsucht aus, die immer wieder durch die Fantasie geweckt und mit dem ewigen Wunsch der Menschheit verbunden ist, aus hektischem Alltag zu entfliehen. Grand Cayman, das Versteck mit Natur und Luxus, erreicht man von Miami in einer guten Flugstunde.

Wenn man wie ich seit dreißig Jahren mit der Hotellerie verheiratet ist, wird man regelmäßig mit der Frage konfrontiert, was denn nun in der Summe aller Dinge die schönsten Feriendomizile auf der Welt sind, als reale Empfehlung oder zum Träumen. Einmal davon abgesehen, dass das letzte positive Erlebnis zumeist oben ansteht, wird wohl jeder eine eigene subjektive Prioritätenliste haben, wonach er Ferienhotels einordnet. Ein von mir wegen seines exzellenten Geschmacks hochgeschätzter Vorstandsvorsitzender schwört auf das Reethi Rah, ein One&Only-Hotel, abgeschieden, aber hoch komfortabel auf einer Malediven-Insel. Für mich zählt neben dem St. Regis Resort auf Bora Bora und dem Begawan Giri auf Bali das Ritz-Carlton auf Grand Cayman zu meinen absoluten Favoriten.

# Servicewüste im Milliarden-Hotel

## EINE STUNDE SCHLANGE STEHEN BEIM EINCHECKEN

Die Finanzierung war wohl vor der großen weltweiten Finanzkrise geregelt worden. Die unglaubliche Summe von einer Milliarde Dollar war in die Renovierung des Strandhotels Fontainebleau Miami Beach gesteckt worden. Das wollte ich mir unbedingt ansehen. Und erlebte, dass zwar in die Wohntürme und in die Poolanlage investiert worden war, augenscheinlich aber nicht in die Schulung der Mitarbeiter und damit in die Servicequalität. Wenn ich einmal für einen Augenblick vergesse, dass aber genau das die Seele eine Hotels ausmacht, berichte ich von Abläufen, die eher zum Schmunzeln reizen, aber im Moment die Stimmung verhagelten.

Wie als RTL-Hotelinspektor habe ich mich an der Rezeption vorgestellt, höflich mit Namen und dass für mich reserviert wurde. Unwillig schüttelte die Rezeptionistin den Kopf: „Woher soll denn die Reservierung gekommen sein?“ Antwort: „John Rolfs hat die Buchung vorgenommen und bestätigt.“ Wer das denn sein solle, wollte die Dame wissen. Sie könne nicht jeden Gast kennen. Aber John Rolfs ist der Generaldirektor des Hotels und Präsident der Gesellschaft. So, als habe sie in einen Pferdeapfel getreten, winkte sie ab und beteuerte, dass sie den Namen noch nie gehört habe.

Nach langem Hin und Her bekam ich ein Zimmer, unmittelbar am Fahrstuhl mit einem kostenlosen Bimmelkonzert. Ein Zimmertausch war unvermeidbar und nach einer Stunde konnte ich die Tür schließen, nach einer weiteren halben Stunde kam das Gepäck. Unfassbar, wenn man als Richtlinie für Fünf-Sterne-Hotels sieben Minuten nimmt. Im Zimmer keine Blume, kein Gruß des Managements, nicht ein Fläschchen Wasser auf dem Nachttisch und das bei einer Rate von 700 Dollar.

Vor Jahren fand ich die Park- und Poolanlage des Hotels gewiss ein bisschen kitschig, aber voller Urlaubsstimmung fördernder Romantik. Heute sind das nur noch in Reih und Glied aufgestellte Liegen auf dem Sonnengrill. Überall Masse statt Klasse. Ganz überraschend kam das freilich für mich nicht, denn ein Freund hatte mich gewarnt: das sei eine gigantische Wohnfabrik. Ich solle mich nicht von der unwahrscheinlichen Investitionssumme irreführen lassen.

Von der Vielzahl der Restaurants wählte ich das italienische. Eine große Zahl von Kellnern stand in Grüppchen herum, amüsierten sich prächtig. Gäste konnten da nur stören. Ergo wurden sie nur am Rande beachtet. Und so schleppte sich das Dinner hin, der Wein zu warm, der Salat schlecht gelesen und alles zu Preisen wie im Freudenhaus. Die Liste könnte beliebig verlängert werden.

Was an diesem Hotel wirklich unschlagbar ist, erlebte ich auf dem Balkon. Es ist die faszinierende Strandmeile von Miami Beach und der Blick auf den unendlichen Ozean. Das größte amerikanische Reisemagazin Condé Nast Traveler hat den Blick von Fontainebleau gerade zur besonderen Empfehlung der xx-Folge in der Serie „Ein Zimmer mit besonderem Ausblick" erkoren. Einer, der Hotels liebt, findet sofort ein Dutzend Möglichkeiten bei der Gästepflege, für die keine Milliarde investiert werden muss, sondern die Motivation des Teams in der Verbindung mit der Schulung, wie man es macht, ausreicht. Bei kleineren Hotels der preiswerten Art, die jeden Euro für das Gästeprogramm genau überlegen müssen, ist ein klarer Aufwärtstrend zu erkennen. Immer häufiger erlebe ich, dass der Gast aufs Zimmer begleitet wird, dass auf dem Nachttisch Mineralwasser steht und zumindest ein paar Grünpflanzen Farbe ins Hotelleben bringen. Das Einchecken funktioniert, wenn der Gast nach längerer Anreise nun wirklich keine ärgerliche Diskussionen führen möchte und schon gar keine Ewigkeit brauchen will, um endlich sein Zuhause fernab von daheim zu erreichen. Von all dem scheint man im Hotel mit der teuersten Renovierung der Hotelgeschichte noch nichts gehört zu haben.

# Die zehn größten Ärgernisse im Hotel

## UMFRAGE UND PERSÖNLICHE ERFAHRUNGEN

Die häufigsten Ärgernisse bei meinen Hotelbesuchen, ohne Rücksicht auf Sterne und Kategorien.

1. Schlange stehen beim Einchecken nach ermüdender Anreise und schlecht geschultes Personal an der Rezeption.

2. Suche nach dem Zimmer, weil der Gast nicht begleitet wird, Welcome ohne Herzlichkeit, der Gast nur als Nummer.

3. Längere Wartezeiten auf das Gepäck (Standard-Limit: für den Kofferservice 6 Minuten).

4. Schlecht vorbereitete Zimmer, nicht gelüftet, kein Willkommensgruß, keine Blumen, Pflanzen, kostenloses Wasser, Sauberkeitsmängel im Bad: Schaumspuren in der Dusche, Schlieren am Spiegel, kein klinisch sauberes Zahnputzglas.

5. Generell muffiger Geruch im Hotel. Corporate-Duft ist leicht elektronisch steuerbar.

6. Liebloser Frühstücksservice ohne frische Produkte (einmal erlebte ich bläulich verschimmeltes Brot am Büfett des Berliner Concorde-Hotels). Unappetitlich der Abfalltopf auf dem Tisch vieler Hotels. Häufige Mängel bei der Früchtepräsentation und unfreundliches Personal (ist ja früh am Morgen).

7. Arrogante Kellner und Servicemitarbeiter, die vornehmer als die Gäste sein wollen (schlimmstes Beispiel dafür ist das Pariser Ritz). Ärgerlich auch die Unterbrechung des Gesprächs im Restaurant, weil der Kellner unbedingt kundtun will, was wir auf dem Teller haben.

8. Lärmendes Reinigungspersonal frühmorgens auf den Fluren, ohne Rücksicht auf schlafende Gäste. Rekord: In einem Marriott heulten die Staubsauger um 5.30 Uhr.

9. Störung durch Minibar-Auffüller und Housekeeping (im Four Sesons Miami, gleich fünfmal in anderthalb Stunden). Beispielhaft das Flurwärtersystem im Oriental Hotel Bangkok: Ein an der Tür aufgestelltes Streichholz zeigt an, wenn der Gast auf dem Zimmer ist. Jede Störung ist dann strikt verboten.

10. Hotelpersonal, für das der Gast nicht im Mittelpunkt, sondern im Weg steht, verbunden mit Aktionen, die Gäste als potenzielle Diebe abqualifizieren, mit Bügel, die auf Rollen laufen, Abzeichnen der Zahl vorhandener Handtücher und vieles mehr.

# Schlüssel zum Eiffelturm und ein weißer Elefant

## EIN CONCIERGE, DER FAST ALLES MÖGLICH MACHT

Nicht einmal die hingeblätterte Fünfzig-Euro-Note öffnete die Tür zum Genuss. Der Adlon-Stammgast mit neuer Freundin (die es zu beeindrucken galt) in Paris versuchte verzweifelt noch einen Tisch in Alain Ducasse's Drei-Sterne-Tempel Jules Verne in der zweiten Etage des Eiffelturms zu bekommen. Er hatte es seiner Süßen doch versprochen. Der Mann war schon ein bisschen verzweifelt, fühlte sich ohnmächtig, aber resignierte nicht. In seiner Not rief er den Adlon-Concierge Raffaele Sorrentino an und fragte einfach mal, ob der helfen könnte.

Und wie der half! Details bleiben sein Geheimnis, aber er zauberte ein „Sesam öffne dich" nach Paris. Starke Männer stellten einen Zweiertisch aus dem Reserveraum ins Restaurant und der Mann wurde fürstlich bedient. Der Trüffel duftete auf dem Schaum von Gänseleber, der

Champagner perlte im Glas. Ein Toast auf Raffaele in Berlin.

Der Concierge gehört zur Zaubergarde der Hotel-Virtuosen mit dem goldenen Schlüssel am Revers. Es sind die Männer, die Unbegreifliches

möglich machen. Dabei ist Sorrentino in Deutschland, was der grandiose Josef Paulke, der absolute Gigant seiner Zunft, im Mansion on Turtle Creek (Dallas) war. Paulke hatte schon mal einem Gast aus Saudi-Arabien über Nacht einen Düsenjet vermittelt. Er wollte die Maschine nicht mieten, sondern kaufen, sofort. Auch einen schwarzen Araberhengst in wenigen Stunden zu besorgen und einen weißen Elefanten, mit dem der Verlierer einer Wette durch die texanische Metropole reiten wollte. Es wurde, dank Paulke, das Ereignis des Monats.

Mit Concierge-Geschichten ließe sich locker ein Buch füllen, von der Stärke der Bibel. Vielleicht erinnern Sie sich, dass Sorrentino für einen verliebten Gast ein Feuerwerk über dem Markusplatz in Venedig inszenierte. Einem Scheich aus den Emiraten, der in der Adlon-Tiefgarage einen spektakulären Luxuswagen sah, besorgte er in achtundvierzig Stunden ein vergleichbar hergerichtetes Edelmobil.

Vor einiger Zeit war die Tochter eines Adlon-Stammgastes in Amsterdam gelandet, ohne Papiere, ohne Geld. Ihre Tasche war vor dem Abflug im New Yorker Airport verloren gegangen. Nun saß sie fest, durfte nicht nach Berlin weiterreisen, nicht einmal den Flughafen verlassen. Sorrentino ließ seine Beziehungen spielen, ein befreundeter Concierge in Amsterdam brachte der unglücklichen Frau Geld. Gleichzeitig glühten die Drähte zur Botschaft in Den Haag. Schließlich stellte das Hotel zwanzigtausend Dollar Kaution und der Gast konnte mit einem Ersatzpass nach Berlin weiterreisen.

Für Sorrentino eine Alltäglichkeit, nur eine von unzähligen Hilfsaktionen. Manchmal sind die Wünsche der Gäste allerdings so ausgefallen, wie es sich nicht einmal Drehbuchakrobaten von Filmstorys vorstellen können. Übrigens: Ab sofort ist das überragende Netzwerk des sympathischen Hotelexperten nicht mehr allein nur den Gästen des Berliner Hotels vorbehalten. Sorrentino hat einen privaten Concierge-Dienst gegründet. Auch hier agiert er mit dem Zauberstab: Unmögliches wird sofort erledigt, Wunder dauern ein wenig länger. Aber nur ein wenig ...

Haben Sie zufällig im Fernsehen den Film „Ein Concierge zum Verlieben" gesehen? Dem Hollywood-Streifen, der hauptsächlich im Hotel spielt, waren hohe Einschaltquoten beschieden, mit dem Alltag in der Hotellobby hatte die Kuschelstory allerdings wenig zu tun. Die Kernaussage aber, dass der Concierge die Seele eines jeden guten Hotels sei, die gilt auch in der täglichen Praxis.

Nicht von ungefähr wurde der Concierge im Four Seasons Washington „Petrus der Hauptstadt" genannt. In seinem Tagebuch hatte er 99 erfolgreiche Hilfsaktionen aufgeführt. Nur ein einziges Mal musste er passen, als eine Schauspielerin aus San Diego ihn bat, einen Stadtplan persönlich in ihre Suite zu bringen. Als sie ihn in aller Offenheit textilfrei empfing, verabschiedete er sich schleunigst. Sagt er wenigstens ...

# Mein Steckbrief hing im Restaurant

## WIE ALLES MIT DER GASTROKRITIK BEGANN

Manchmal erlebt man Veränderungen als Zeitzeuge. So war es bei mir, als sich Unruhe ausbreitete in der deutschen Küchenlandschaft. Viele Gastronomen verstanden die Welt nicht mehr. Da leisteten sie – zumindest glaubten sie es – saubere Arbeit am Gast und wurden dafür aus heiterem Himmel heftig attackiert, auseinandergenommen, manchmal gar durch die Mangel gedreht. Plötzlich gab es in Deutschland eine kritische Berichterstattung über Essen und Trinken im Lande. Erst in Fachmagazinen, dann auch in Tageszeitungen. Zum Jahresbeginn 2010 jährte sich dieser Start, an dem ich mit ersten Gehversuchen teilnehmen durfte, zum vierzigsten Mal. Ein kleines Jubiläum. Wie die Zeit vergeht. Damals war es wie heute, Restaurateure und Köche, die gut abschneiden, loben die Restaurantkritik als unverzichtbar. Wer schlecht wegkommt, erklärt sie lautstark für überflüssig. Obwohl die besonders lebensnahe Restaurantkritik ein Teil der Kulturkritik ist, hat man sich an sie noch immer nicht so gewöhnt wie an die von Literatur, Theater oder Sport. Auch die Gastro-Kritik unterliegt subjektiven Wahrnehmungen, wobei man sich ganz auf Nietzsche stützen kann, der ausführte, dass letztlich alles im Leben ein Streiten um Geschmack sei. Dieser Streit fand allerdings für mich einen bedenklichen Höhepunkt. In einem Kölner Res-

taurant, dem ich bescheinigt hatte, dass die Speisen nicht dem Gaumen schmeicheln, sondern ein Angriff auf Magen und Galle darstellen, wurde ein Steckbrief mit meinem Foto aufgehängt und der aufgedruckten Warnung: Wenn dieser Mann unser Haus betritt, sofort die Geschäftsleitung zu informieren …

Bis Ende der sechziger Jahre war alles so schön gemütlich in der Branche, ja, bis Klaus Besser, der deutsche Urvater der Gastronomiekritik (und mein Lehrmeister), kam. Von da an war nicht mehr alles freundlich und rosarot, die Momentaufnahmen im Restaurant, wie sie auch der Gast erlebt, wurden genau beschrieben, die Qualität analysiert, ob sie nun gut oder schlecht war. Oft wurde ich mit der Frage konfrontiert, wer eigentlich über die Gastronomie schreiben darf. Muss man dafür sein „Suppen-Abitur" bei Paul Bocuse gemacht haben? Selber gut kochen zu können hilft gewiss. Die Urteile des Michelin-Führers werden darum als unangreifbar eingestuft, weil alle Tester gelernte Köche sind; einer hatte sogar selber einen Stern. Nicht aus diesem Grund, sondern aus purer Lust habe ich mich aufgemacht, bei den ganz Großen zu lernen, bei Paul Bocuse, bei Marc Haeberlin und in Deutschland bei Dieter Müller, der jahrelang in Lerbach drei Sterne kochte und jetzt auf eigene Rechnung agiert.

In Frankreich gab es die begleitende Gastro-Kritik so lange es Speiselokale gibt. Das erste

„Restaurant“ wurde Anfang des 18. Jahrhunderts von einem gewissen Koch namens Boulanger in Paris eröffnet. Er servierte eine Bouillon, die er „Restaurant“ nannte. „Kommt zu mir, ich werde Euch restaurieren.“ 1765 schrieb ein Pariser Journalist die Gastro-Kritik über das Lokal: „Es ist empfehlenswert für alle, die ihren Magen mit Pot-au-feu restaurieren wollen.“ Boulanger wurde ein reicher Mann, fuhr in eigener Kutsche durch die Stadt und verkehrte in den Salons der Großen seiner Zeit. Als der Restaurateur aber abhob, angesichts des schnellen Ruhmes plötzlich völlig überzogene Preise verlangte und in der Qualität absackte, reagierten die Pariser Kritiker ein zweites Mal ebenso spontan, konsequent – und vernichtend. Wahre Diener am Gast.

# Heiligendamm in schönster Blüte

## NUR LAURA BUSH HEGTE BÖSE GEDANKEN

Atemberaubend ist die Aussicht auf die Mecklenburger Bucht. Wir sind zu Gast auf einer der spektakulärsten Golfanlagen Deutschlands, im Resort Wittenbeck, das zur „Weißen Ferienstadt am Meer“, zu Heiligendamm, gehört. Hier ist Lebensfreude angesagt.

Zur Einordnung: Bei jeder Namensnennung läuten die Glocken zur „Genussandacht“: wenn von den großen Vier der deutschen Ferienhotellerie die Rede ist, vom Hotel Bareiss, der Traube Tonbach, beide in Baiersbronn, sowie Heiligendamm im Norden, zusammen mit den Althoff-Genusshotels (Schloss Bensberg, Überfahrt am Tegernsee) die hochklassigen Erholungsdomizile in unserem Lande, alles Sommerträume, aber ohne Winterschlaf. Nach der Trennung von Kempinski wird Heiligendamm, unterstützt von der Adlon Holding mit den rührigen Martin Pelz und Julius Jagdfeld, in Eigenregie betrieben.

Mich interessiert weit mehr als der Führungswechsel (beste Schlagzeile: Heiligendammbruch), was mir ein hochklassiges Strandresort außer dem wärmenden Sonnenschein und dem Saum der Ostsee als Gesamtpaket zu bieten hat. Um das Fazit als Antwort vorwegzunehmen: es ist ein Dreigestirn selbst gezimmerter Erlebnis-Maxime: Sport mit Schwerpunkt Golf, Spa und Genuss, ich könnte auch sagen, Aromakitzel.

Die Wildgerichte, die Variationen von der Gänseleber und die leichten Fischkreationen mit ungebundenem Sud und Zitronengras waren erste Wahl. Genuss und Gaumenfreuden öffnen nicht nur den Magen, sondern machen auch empfänglicher für die Schönheiten im Umfeld. Völlig unverständlich, wie Laura Bush zumindest andeuten konnte, man habe versucht, die Bushs in Heiligendamm zu vergiften. Was für ein haarsträubender Unsinn!

Zu den schönen Dingen: Beim Blick beispielsweise aus dem hohen Fenster, Zimmer 502 im Wohnpalast, Haus Mecklenburg, erlebt man Eleganz und Schönheit im klassizistischen und Tudorstil. Luxus im Hotel hat nichts zu tun mit einem Bad in Eselsmilch oder vergoldeten Toilettendeckeln. Feinste Annehmlichkeiten für den Gast sind heute funktioneller abgestimmt als unverblümter Prunk und Pracht der Belle

Epoque. Und als Rahmen das Farbenspiel des Meeres, das nie eindrucksvoller als in den stillen Monaten bis zum Frühling ist: Blattgrün und Königsblau, ein Streifen Altweiß im Wechsel mit den warmen Farben des Landes, die Ostsee, der Strand, der dichte Wald. Das Sommerglück spricht für sich, wenn Sie später im Jahr Heiligendamm erleben wollen, sind die Herbst- und Winterattraktionen schnell aufgezeigt: perfekte Erholung am dann einsamen Strand, wo Ruhe zum Naturgeschenk wird und das in eleganter Umgebung. Es macht dann umso mehr Appetit auf das exzellente Gastronomieangebot mit der Sterneküche im Gourmetrestaurant „Friedrich Franz".

Den 18-Loch-Golfplatz bleibt die Attraktion; ist nicht gerade Frost angesagt, darf man ihn auch im Winter spielen. Im Sommer ist es schlicht ein Golf-Märchen. Von den meisten Fairways hat man einen herrlichen Blick auf die aufgewühlte See. Und nach dem Spiel ab in den vorzüglichen Wellnessbereich. Hier setzte manchmal Kritik an, dass man von den Wohnhäusern bei Kälte hinlaufen muss. Martin Smura schafft Abhilfe, ruft der Gast bei der Rezeption an, wird er problemlos zum Badehaus geshuttelt.

Alles in allem kann ich die sich überschlagende Begeisterung der Schriftstellerin Fanny Lewald verstehen, die sich wie eine Touristikbroschüre von Heiligendamm liest: „Das abstrakte

(unwirkliche) Heiligendamm ist märchenhaft schön und prächtig! Des Süden Reiz' und die Romantik des Nordens vereinigen sich in der Nähe des Meeres. Berauschend der Duft der Lindenblüte, des frisch gemähten Heues, wenn der Meereshauch sie durch die Luft trägt. Ländliche Tage sanft und still, ein himmlisches Bett nahe dem Brückensteg." Ein Bett mit Wellenrauschen sozusagen. Na und? Der Glücksausbruch liegt 125 Jahre zurück. Und nichts muss heute bei atmosphärischer Schilderung verändert werden.

Wohlfühlen wie im 18. Jahrhundert. Da wünschte man sich „Bon voyage". Es war die goldene Zeit des Reisens, als es unseren Planeten zu entdecken galt, und es war der Beginn der individuellen Kuren – die vielen Schlemmereien waren den Reichen und Privilegierten auf die Galle geschlagen. Die Damen wurden schwermütig, die Herren passten nicht mehr in ihre Anzüge. Gründe genug, die feinsten europäischen Bäder aufzusuchen und die Wirkung des Heilfastens und der Mineralwasser zu nutzen. Einer der beliebtesten europäischen Kurorte war schon in jenen Tagen Heiligendamm, das 1793 der Mecklenburger Herzog Friedrich Franz am Ostseestrand hatte erbauen lassen, sechsundzwanzig weiße Prachtvillen am Saum des Meeres.

Die Szene zur zackigen Marschmusik ist verbürgt: Kaiser Wilhelm I., in bester Laune, kickte mit dem Stiefel einen Stein ins Wasser und zeigte mit ausholender Handbewegung auf die leuchtenden Bauten und prophezeite: „Dieses ist meine weiße Stadt, gebaut für die Ewigkeit, das schönste Seebad der Welt." Nun ist das mit der Ewigkeit so eine Sache. Doch ein kleiner Schritt in die Richtung wurde getan.

# Eine Wette führte zur schönsten Hotelidee

## DIE PARADE DER STELZENBUNGALOWS IN POLYNESIEN

In einem kleinen Antiquitätenladen am Berliner Winterfeldmarkt fand ich zufällig ein Bändchen mit einer Sammlung von Storys und Kuriositäten der Südsee aus den sechziger Jahren. Titel „Le paradis en folie" (Das verrückte Paradies). Verzückt wurde darin eine „für immer rund um den Erdball einmalige" Hotelidee gefeiert, die Stelzenbungalows in der Lagune von Bora Bora. Das beschriebene Hotel auf der besonderen Inselschönheit in Polynesien ist seit längerem geschlossen, wird komplett umgebaut, wie ich auf meiner letzten Reise erlebte. Das Konzept aber, Gästehäuser auf Pfählen ins Wasser zu setzen und so das Gefühl zu vermitteln, auf der Lagune zu schweben, blieb alles andere als einmalig, sondern verbreitete sich in Windeseile wie ein Buschfeuer in den wärmeren Gewässern der Weltmeere. Eine brillante, manchmal auch verrückte Idee bleibt halt nie lange exklusiv. Allein im Inselreich Tahitis habe ich zwei Dutzend Hotels mit Overwater-Bungalows gezählt, noch mehr sind es inzwischen auf den Malediven, auf den Seychellen, auch auf Mauritius, Lombok oder vor Thailands Südküste. Ein Hoteldesigner plant sogar Stelzenbungalows an den Saum des Tegernsees zu setzen. Eine glücklich machende Philosophie findet überall einen Ankerplatz. Ganze Labyrinthe aus Überwasserdörfer auf Stelzen sind gewachsen, alle mit der gemeinsamen Verheißung von Glückseligkeit. Im Indischen Ozean wurde die Auswahl besonders vielschichtig, zum Glück nicht nur im Hochpreisbereich. In Französisch-Polynesien ist nämlich der Kostenfaktor der sehr irdische Pferdefuß eines sonst paradiesischen Konzeptes. Die aktuellste Errungenschaft dieses vielleicht schönsten Bereiches der internationalen Hotellerie ist das St. Regis Resort auf Bora Bora. Am Tag, als die Insel mit dem klangvollen Namen den „World's Best Island Award" bekam („schönste Insel der Welt"), wurde das Hotel mit den Bungalows auf Stelzen eröffnet.

Wenn man da nachliest, wie simpel vor einem halben Jahrhundert alles begann: Drei Australier hatten gewettet, wer am schnellsten eine südseetypische Behausung zustande bräch-te. Einer der Kontrahenten zimmerte ein Gestell aus Holzstelzen, verankerte es im Wasser der

Lagune und montierte eine Hütte obenauf. Ein Haus mit einem verglasten Loch im Fußboden, um die Unterwasserwelt von der Couch aus zu erleben. Bingo, das war ein Griff direkt ans Herz der Romantiker. Der Amateurarchitekt gewann die Flasche perlender Lebensfreude für die Wette und zog selber in das Haus über dem Wasser. Tag für Tag genoss er die total friedliche Lagunenstimmung. So muss unsere Welt am ersten Tag der Schöpfungsgeschichte gewesen sein, eine Ewigkeit bevor wir den Planeten befingert und entstellt haben, lange noch vor dem ersten Sündenfall, schrieb er ins Tagebuch. So wie sich von der Terrasse aus die Inselschöne mit dem weißen Gürtel aus Korallen und dem sanften Wimpernschlag des Ozeans präsentiert. Wer auf der Holzterrasse eines solchen Overwater-Bun-

galows sitzt, in stiller Andacht auf das spiegelglatte Wasser schaut, die Natur bewusst genießt, zelebriert die wohl schönste Seite des Hotellebens. Savoir-vivre der feinsten Art, dank einer verrückten Wette der „crazy boys". Das Farbenspiel des Wassers wird direkt im Himmel inszeniert. Die Töne wechseln von durchscheinendem Opal und Perlmutt bis Silber mit einem winzigen Schuss Türkis. Mantas, Meerestiere mit mächtigen Schwingen, ziehen vorbei. Ganz weit draußen, wo der Horizont die Lagune küsst, schwebt ein Dunstschleier über der Naturbühne wie ein sanfter Wimpernschlag. Ich durfte es erleben, mit meinem Antiquitätchen vom Winterfeldmarkt auf den Knien. „Mauruuru roa" formuliere ich und genieße das polynesische „Danke" mit der Zunge, wie einen 61er Margaux.

# Neue Gesichter im Club der Besten

## WIE DIE SELEKTION ERWEITERT WURDE

Als Profi in fremden Betten erlebt man häufig, dass notwendige Kritik am Service als Nörgelei ausgelegt wird. Umso schöner ist da, einmal uneingeschränkte Begeisterung offenbaren zu können, angesichts der außergewöhnlichen Leistung eines Hoteldirektors. Wiederholt wechselten beim Hamburger Traditionshotel Vier Jahreszeiten die Besitzer und die Betreibergesellschaften, Aoki, Raffles, jetzt Fairmont, um einige zu nennen. Obwohl die Ausrichtung und Konzepte stets unterschiedlich waren, gelang es dem Geschäftsführenden Direktor des Hamburger Hotel-Flaggschiffs (112 Jahren) Ingo Peters, die hohe Qualität des besonderen Grandhotels (ein Leading-Hotel der Welt) immer gleichbleibend stabil zu halten, darüber hinaus ständig mit Frischzellen zu versorgen und auszubauen. Zurzeit ragt Hamburgs Hotel-Stolz, das mehrfach als bestes deutsches Domizil ausgezeichnete Vier Jahreszeiten, wie eine Bergspitze aus der Wolkendecke der Fairmont-Durchschnittlichkeit heraus. Ich habe mein Zimmer 511 mit herrlichem Blick auf die Alster und perfektem Service genossen. Gute Zeiten hin, Finanzkrise her, am Gast darf nicht gespart werden. Das ist das Geheimnis des Erfolgs. Jetzt wird die internationale Akzeptanz von Ingo Peters noch einmal plakativ herausgestellt und gewürdigt. Ich habe den stilvoll gehaltenen Generationswechsel bei der Präsidentschaft der Selektion Deutscher Luxushotels miterleben dürfen. Nach 22 Jahren an der Spitze des Zusammenschlusses der Besten hatte Karl Nüser, Chef des Nassauer Hofs in Wiesbaden, den zwanzig Jahre jüngeren Peters als Nachfolger vorgeschlagen, der dann auch einstimmig akzeptiert wurde. Der Hotelier hat schon eine gute (Elb-)Welle erwischt, bekam wie eine Fünfte Jahreszeit die hanseatische Prachtvilla Elb-Lounge an der Elbchaussee als Dependance. In den exklusiven Räumen und Suiten tagen und genießen vor allem die Unternehmer, die im Rahmen der zeitgemäßen neuen Bescheidenheit nicht unbedingt gesehen werden wollen. Andererseits möchten die Gäste die Köstlichkeiten des Grandhotels nicht missen und da ist die Villa im Grünen in vollkommener Privatsphäre genau richtig. Man muss halt wissen, wie es machbar ist … In der Selektion, dem

Kreis der „Besten der Besten" (Slogan), ist das Hamburger Hotel an der Alster ebenso eine stabile Größe wie das Mandarin Oriental in München, Brenner's Park-Hotel in Baden-Baden, der Nassauer Hof, die rheinischen Domizile Excelsior Hotel Ernst (Köln) und Capella Breidenbacher Hof (Düsseldorf), das Parkhotel in Bremen sowie das Grand Hotel in Heiligendamm. Großzügig wurde Salzburg in den besonderen Kreis mit einbezogen und das österreichische Tophotel Schloss Fuschl als Mitglied angeschlossen. Das Ritz-Carlton in Berlin ist nach mehrfachem Wechsel an der Spitze mit Robert Petrovic, ein Hotelier der jungen Garde und F&B-Spezialist, wieder richtig stabil und ein wertvolles Mitglied der Selektion. Bei der großen Hamburger Gala mit dem Motto „Auch in Krisenzeiten muss man

Flagge zeigen“ feierte die Reederei Deilmann mit. Die MS Deutschland (ZDF-Traumschiff) ist ebenfalls angeschlossenes Mitglied der Selektion. Es ist halt auch ein Grandhotel, nur dass es auf den Meeren schwimmt.

Weltweit waren jahrzehntelang deutsche Hoteliers in Spitzenpositionen der bedeutenden Gruppen führend. Die Hotels in Deutschland wurden zu Recht oder zu Unrecht in den bekannten Ranglisten und bei internationalen Bewertungen allerdings wenig beachtet. Seit der Gründung der Selektion Deutscher Luxushotels aber hat die Branche einen hoch geachteten Zusammenschluss, der gerade wieder im New Yorker Magazin Condé Nast Traveler gewürdigt wurde. Der kleine Kreis der Besten hat jetzt die optimale Zusammensetzung erreicht.

# Ultimative Weinprobe im schönsten Ambiente

## DIE GRÖSSTEN ALLER ZEITEN IM BERLINER CHINA-CLUB

Das Rubinrot des 61er Latour à Pomerol leuchtet im Glas. Der reife Duft betört. Der Genuss auf der Zunge und am Gaumen ist bei diesem göttlichen Getränk vollkommen und der Spruch der Weinjünger vom Niederknien, hier hat er seine Berechtigung.

Ist das nun der größte Wein in der Geschichte der Top-Kreszenzen seit 1900? Einige Bordeaux-Sammler und etliche Experten sind davon überzeugt. Ich selber, der bisher uneingeschränkt den „Roten König aus Graves", den 89er Haut-Brion, als den Besten der Besten favorisierte, bekam den Hinweis auf den legendären Wein von einem der großen Bordeaux-Kenner im Lande, von Mathias Döpfner.

Ganz aktuell hatte zu diesem Thema Martin Pelz, Veranstalter der bedeutendsten Jahrhundertproben und oft als Berlins „Wein-Papst" bezeichnet, eine Befragung bei Händlern und Sammlern durchgeführt, mit dem Ergebnis, dass die beiden großen Mouton-Rothschild-Weine, Jahrgang 1945 und 1982, als Spitzenkandidaten mehrheitlich genannt, ebenfalls in die Endauswahl für die ganz persönliche Jahrhundertprobe kamen. Die fraglos gegebenen Mühen, große Weine aufzutun, muss ich nicht weiter ausführen. Bleiben wir einfach beim Genuss. Es kam im gediegenen Ambiente des Berliner China-Clubs zum ultimativen Gipfeltreffen der großen Drei (von den Rothschilds wählten wir den 82er) im kleinen Kreis. Übrigens wurden die drei edlen Oldies fünf Stunden vorher dekantiert (behutsam in Karaffen gefüllt).

Der Hinweis, mit allen Sinnen genießen, hat schon seine Berechtigung. Die Optik, das Ambiente zum Wohlfühlen, spielt eine bedeutende Rolle. Anna Maria Jagdfeld hat den schönsten deutschen Club mit alter und moderner chinesischer Kunst durch eine beglückende Harmonie von Farben, edlen Dekorationen und Möbeln eingerichtet. Um das zu erleben, muss man freilich Mitglied werden. Dann darf man auch die vielleicht beste chinesische Küche kosten.

Ehrlich gesagt habe ich in diesem Rahmen das genüssliche Probieren mehr als lustvolles Zelebrieren, ein mit allen Sinnen Genießen der Kultweine gesehen und weniger als Festlegung einer endgültigen Wertung, bin aber ganz persönlich der Meinung, dass Robert Parker richtig liegt, der für die Kreszenzen vor 1900 den 1870er Château Lafite und für die letzten einhundertzehn Jahre den eleganten Haut Brion als einzigen „100-Punkte-Plus"-Wein würdigt. Aber auch der Latour à Pomerol verzauberte die Genießer mit seiner konzentrierten Reife. Ein Alltagsabend wurde zum Wunderland. Auf hohem Niveau blieb da dem Mouton der dritte Platz.

Es ist ganz fraglos richtig, dass Wein (in allen Preisbereichen) erst einmal ein wunderbares Geschmackserlebnis sein soll und Ranglisten der Weltbesten aller Zeiten, Punktetabellen der Experten und Zusammenstellungen der Önologen von Edelkreszenzen letztlich Gaumenspielereien bleiben, gewiss der ganz besonderen Art, für alle, die in Wein mehr sehen als nur ein köstliches Getränk, sondern ein Stück Lebensphilosophie. Darüber hinaus sind große Weine ein Mysterium, unkalkulierbar, in keiner Kosten-Nutzen-Analyse zu erfassen. In Ehren gealterte Methusalems vermögen zu bezaubern, weil sie einen unbeschreiblichen Hauch von dezenter Lieblichkeit haben können, eine Art Süße der Unendlichkeit (wie der 61er Latour à Pomerol).
Bei den Ranglisten der Kultweine ist zumeist von Roten die Rede. Doch zumindest zwei große Weiße gehören in die ultimative Bestenliste: Château d'Yquem, der Platzhirsch unter den Edelsüßen, und der Le Montrachet von 1979

(Ramonet), alkoholschwer und ein wahrer Glücksschock für Genießer.

Dass schließlich beim Wein nichts kontinuierlicher als der Wandel ist, zeigt die Karriere des Pomerol-Stars Pétrus, den vor fünfundvierzig Jahren noch keiner kannte. Die Legende begann im New Yorker Restaurant Pavillon, als der Wirt für seine erlesene Gästeschar, die Windsors, Onassis' und Kennedys, nicht nur Latour und Lafite präsentieren wollte und sich an ein kleines Privatlager damals unbekannter Weine in seinem Keller erinnerte. Der Château Pétrus wurde serviert. Die Karriere war unaufhaltsam. Pétrus stieg zum teuersten Wein der Welt auf, für mich allerdings längst nicht zum größten.

# Bestseller in der Retortenstadt

## WIE TOP-MANAGER FERDINAND PIËCH ZU EINEM FÜNF-STERNE-HOTEL ÜBERREDET WURDE

Sind zehn Jahre für ein Hotel schon ein Jubiläum? Da kann man geteilter Meinung sein und allein der Vertragsabschluss allein ist auch kein wirklicher Grund zu Feiern, normalerweise. Handelt es sich aber um ein Hotel, dem man beim Start weltweit nur Bedenken entgegengebracht und dessen Verfallsdatum recht kurzfristig prognostiziert hatte, ist der Tag der Vertragsunterzeichnung mit Flaggenparade in Atlanta vor einem Jahrzehnt für mich ein bleibendes Erlebnis. Es war die Geburtsstunde des Wolfsburger Ritz-Carlton-Hotels.

Ganz gewiss verblüffen sie mich immer wieder, diese seltenen Beispiele, die bestehende Trends in der Hotellerie auf den Kopf stellen. So diese angesprochene Hotelsensation des Jahres 1998, als bekannt wurde, dass Ritz-Carlton das erste europäische Hotel unter diesem Namen (das Hotel Arts in Barcelona gehört auch zur Edel-Gruppe) in Wolfsburg eröffnen werde. Wo? Richtig, in der VW-Stadt Wolfsburg, nicht in Paris, London oder Berlin. Und in den USA fragten die Gäste: „Wo liegt Wulfsbörg?“

Heute mutet es selbstverständlich an, dass das feine Domizil zu den besten auf dem Kontinent gezählt wird und mit dem Aqua seit Jahren ein Drei-Sterne-Hotelrestaurant präsentiert, wo jährlich unter der Regie von Küchenchef Sven Elverfeld das Gourmetfestival mit europäischem Sternenglanz pulsiert.

Ganz gleich, ob die Zeiten gut oder schlecht sind: Über achtzig Prozent Belegung aufs Jahr, stabile Zimmerraten und zweihundertfünfzig Angestellte aus neunundzwanzig Nationen für ganze 174 Zimmer und Suiten, das ist absolute Spitze und es wird deutlich, was der Hausherr Lothar Quarz meint, wenn er sagt: „Bestehen in der Luxusnische wird durch den persönlichen Einsatz im Service entschieden. Der Erfolg gibt uns Recht.“ Acht Jahre nach der Eröffnung in Volkswagens Autostadt, die von Besucherrekord zu Besucherrekord fährt, hat das erste deutsche Hotel der feinen Gruppe seine Ausnahmestellung im Lande ausgebaut. Nichts ist mit Sparen am Gast und ungelenker Bedienung durch ungelernte Hilfskräfte.

Die pure Eleganz, die sich Volkswagens langjähriger Konzernchef Ferdinand Piëch, heute Aufsichtsratsvorsitzender des Unternehmens, gewünscht hatte, findet sich nicht nur in der Lobby oder in der Präsidentensuite mit geräumigem Balkon über Mittellandkanal und Autostadt, mit gläsernem Kamin und eigenem Konferenzraum. Die Handschrift der Designerin Andrée Putman, Grande Dame des innovativen Hoteldesigns, und die Servicephilosophie der amerikanischen Vorzeigegruppe werden konsequent bis in den kleinsten Standardraum umgesetzt.

Das Dienstleistungskonzept, von Präsident Herve Humler gestrickt, bezieht die neuen Medien voll mit ein. Ein Technologiebutler hilft bei Problemen mit dem mobilen Büro. Damit die Gäste nach besonderen Menüs die Fitness pflegen können, schufen die Bauherren einen Wellnessclub, der den Namen „Kraftwerk“ erhielt. Nahe liegend, der Blick geht auf das benachbarte VW-Kraftwerk. Eine weitere Spa-Einheit wurde wie eine schwimmende Insel in den Kanal gesetzt, gleich neben dem Warmwasser-Schwimmbad. An diesem Hotel ist halt alles ungewöhnlich. Das gilt auch für die erstklassige Gästeansprache in allen Bereichen; da führte der erfolgreiche Chef Lothar Quarz Regie. Er soll neue Aufgaben bei Ritz-Carlton übernehmen.

Wenn man da bedenkt, dass der Top-Manager Ferdinand Piëch eigentlich ein (unbedeutendes) Drei-Sterne-Hotel bauen wollte. Ich bin ein wenig Stolz darauf, dass er sich in seinen Memoiren dazu bekennt, dass ich ihm in einer langen Nacht von dieser „Schnapsidee“ abgebracht und dafür das Ritz-Carlton auf einem Zettel aufgemalt habe.

# Naturprogramm für den Nachwuchs

## IN NAPLES ERLEBEN KLEINE HOTELGÄSTE DAS „NATURAL WONDER“

Man kennt das ja: Die oft plakativen und häufig überzogenen Selbstdarstellungen einfacher Hotels wären zum Schmunzeln, würden da nicht Gäste bewusst irregeführt und nicht selten enttäuscht. Ein schnell angelegtes Planschbecken, eine Massageliege in einen ungenutzten Raum gestellt und fertig ist das so genannte Spa-Hotel, das einen entspannten, gesunden Aufenthalt verspricht, oder eine Bauklötzesammelecke in Großaufnahme, dazu als Dekoration eine knallbunte Tapete im Spielzimmer – flugs reicht das für die Formulierung „besonders kinderfreundliches Domizil“.

Es geht freilich auch ganz anders, man muss sich nur mal Brenner's Park-Hotel oder den Nassauer Hof ansehen, um zu erfahren, wie ein echtes Spa-Hotel funktioniert. Ich erlebte das weltweit beste Kinderprogramm eines Hotels überhaupt, und zwar in meinem Lieblingsstädtchen Naples im Südwesten Floridas. Im Ritz-Carlton am Strand werden die Kinder nicht in Spielzimmern verwahrt, vielleicht noch mit Malstiften beschäftigt, sondern vorzüglich mit der Tierwelt der Everglades vertraut gemacht, nach Altersklassen aufgeteilt, in einem Naturzentrum mit kleinem Zoo und Kino auf die Erlebnisse vorbereitet. Dann marschieren die Kindergruppen wie die sieben Zwerge in gleichen grasgrünen Rangerhemden mit ihrem (gut geschulten) Scout sicher behütet zu den Schildkrötenbrutstätten, den Tummelplätzen der Delfine und der gewaltigen Maneties (Seekühe), fahren zu den Kanälen, wo aus nötiger Distanz die Alligatoren mit ihrem winzigen Nachwuchs beobachtet werden. Das komplette Programm von den Wasservögeln bis zu den Weißkopfseeadlern in den Wipfeln der urigen Bäume am Rande der Wasserwege läuft so nebenher ab.

Am Spätnachmittag beim Eis werden in gemütlicher Kinderrunde die Erlebnisse verarbeitet. Das Programm mit dem passenden Namen „Natural Wonder" wird übrigens kostenfrei angeboten. Das gilt auch für das riesige Computerzentrum mit allen elektronischen Spielprogrammen für die Teenager. Hier kann man von einem echten Betreuungs- und Verwöhnprogramm für die anvisierten Stammgäste von morgen sprechen.

Hinter dem ganzen Hotel nun ein Kindercamp zu vermuten wäre falsch. Nur sind in einem wirklich kinderfreundlichen Hotel die Bereiche fein getrennt. In diesem Hotel gibt es eine voluminöse Poollandschaft für Kinder, aber eben auch den Silence-Pool, wo Gäste, die nicht gestört werden wollen, ihre Ruhe finden.

Wie immer seltener werdende Wildtiere übrigens Kinder ganz besonders faszinieren, erlebte ich nach knapp dreistündiger Autofahrt vom Hotel nach Orlando ins Sea World. Während alle anderen Freizeitparks in der Rezession regelrecht zu kämpfen haben, stieg die Besucherzahl in Sea World. Dabei ist es nicht nur das ungewöhnliche Schauspiel der so genannten Killerwale in der Arena, es sind vor allem die riesigen Becken mit Robben, Seeelefanten, Mantas und Delfinen, die das anspruchsvolle Naturprogramm für den Nachwuchs ausmachen.

Was mich besonders fasziniert, ist die schnelle Reaktion der Hotelplaner, nach dem sie sich von einem greifbaren Erfolg bei den Hotelgästen von Morgen überzeugen konnten. Bei den Entwürfen zukünftiger Hotels sind plötzlich Streichelzoos, Ponyhöfe und Natur-Informationszentren keine Seltenheit mehr. Schön für die Kleinen.

# Schöne Aussichten

## BESONDERE HOTELS MIT FERNBLICK FÜR ROMANTIKER

Je weiter weg das Business, je entfernter die Alltagstretmühle, desto ausgeprägter entwickelt sich bei den meisten Reisenden der Hang zur Romantik in prächtiger Natur, ebenso bei besonderen Hotels mit dem schönen Blick aus dem Fenster. Die Amerikaner widmen diesem Ausblick ganze Medienserien mit dem Titel „A Room with a View".

Ich habe es lustvoll erfahren, das Savoir-vivre in der Provence. Der Wind spielte mit dem Duft später Sommertage. So weit das Auge reicht, immer noch die Farbe Lila der blühenden Lavendelfelder oder soll man besser sagen „sattes Blau", wie Goethe den Lavendelton erkannt haben will. Wie auch immer: Auf jeden Fall ein Hochamt für Romantiker, dass ich auf der stillen Terrasse des Château du Domaine St. Martin (ein Haus der Oetker-Collection) in der

Hügellandschaft über Vence zelebrierte. Hier erlebt man den schönsten Traum wie in Peter Mayles Erzählungen vorgelebt. Und dazu ein Tipp von mir: In der Nachsaison gibt es vor allem in Aix-en-Provence sehr attraktive Hotelpreise (La Caravelle unter 100 Euro).

Von der Provence mit Lavendel, Wein und südlichem Licht einmal abgesehen, habe ich mich oft ge-fragt, welche Farbe typisch für die Romantik ist: vielleicht das leichte Türkis der Karibik rund um die Antillen oder das Blütenreine der „Weißen Stadt am Meer“, Heiligendamm, für mich das romantischste deutsche Ferienhotel, vielleicht auch das intensive Sattgrün über den Wipfeln von Bali, wo das vielleicht schönste Ferienhotel der Welt, Begawan Giri, als eine Oase der Stille gebaut wurde. Für mich alles großartige Naturerlebnisse mit dominanten Farben, die allein schon den höchsten Genuss unterwegs garantieren, der Reisenden geschenkt wird und auf keiner Rechnung auftaucht.

Wer sich die endlose Anreise, mühsam und kostspielig, zumutet, darf das für mich zauberhafteste Farbenspiel dieses Planeten erleben. In der Südseelagune von Bora Bora; hier in Polynesien wird das Farbenspiel des Wassers vom Himmel inszeniert. Die Töne wechseln von durchscheinendem Opal und Perlmutt bis silbern mit einem winzigen Schuss Türkis. In der Ferne gleiten Boote mit weißen Segeln. Ganz weit draußen, wo der Horizont die Lagune küsst, schwebt ein Dunstschleier wie zerpflückte Watte über der Naturbühne. So friedvoll und jungfräulich muss unsere Welt am ersten Tag der Schöpfungsgeschichte gewesen sein, eine Ewigkeit bevor wir den Planeten befingert und entstellt haben, lange noch vor dem ersten Sündenfall. So und nicht anders muss unsere Welt ausgesehen haben: unbeschreiblich majestätisch, von göttlicher Perfektion wie Bora Bora, diese wohlproportionierte Inselschöne mit dem weißen Gürtel aus Korallen und dem sanften Wimpernschlag des Ozeans.

So touristisch erschlossen die Karibikinsel Antigua ist, so ruhig und beschaulich geht es auf dem kleinen Schwestereiland Barbuda zu, wo die Mailänder Modeschöpferin Mariuccia Mandelli (Krizia) ihr eigenes Ferienresort, den „K-Club“, mit siebenundzwanzig großzügigen Bungalows und luxuriös ausgestatteten Wohnterrassen schuf. Das Farbenspiel von Meer und Strand, ein leuchtendes Türkis mit Weiß eingemischt, setzt sich nahtlos in der Gestaltung des abgeschiedenen Domizils fort.

Wer im Lande bleiben möchte oder muss, kann in jedem Jahr die geballte Farbenpracht des Herbstes erleben, nicht nur, wie immer beschrieben, Indian Summer am St. Lorenz River oder in Bergwäldern von British Columbia, sondern ebenso in prächtigen deutschen Wäldern von „Meck-Pomm“ bis nach Niederbayern und dem

Hochschwarzwald. An anderer Stelle dieses Bandes habe ich bereits von Hotels mit wunderschöner Aussicht auf den Tegernsee, das Kölner Stadtpanorama, den Hamburger Hafen oder die Nordsee geschwärmt.

# Edel entspannen

## VON HEMINGWAY UND ANDEREN BAR-BESUCHERN

„Wenn ich von einem späteren Leben im Himmel träume", schrieb Ernest Hemingway einst in sein Tagebuch „dann spielt sich da alles in der Ritz Bar mit Blick auf die Rue Cambon ab." Die Pariser Bar mit dem legendären Barkeeper Georges, in der damals auch Noël Coward, Rockefeller, Woolworth und Winston Churchill verkehrten, wurde später auf den Namen ihres trinkfestesten Gastes, Hemingway, getauft.

Als ich den gemütlichen Treffpunkt besuchte, gehörten Hemingways abendliche Standards immer noch zum beliebten Programm: trockene Martinis, Scotch und Champagner (Dom Pérignon), „verfeinert" mit einem kräftigen Schluck Cognac. Verfeinert? Ist wohl Geschmackssache. Die allerdings berauschende Atmosphäre der Bar hat heute noch den gleichen Stellenwert wie

Hemingway ihn auf eine Stufe mit den bedeutenden Vorzügen des Hotels setzte, wie dem hocheleganten Marmorbad und dem riesigen Ritz-Bett.

In der vielleicht berühmtesten Bar der Welt feierte der Schriftsteller einst den Sieg über die Deutschen und das Ende des Zweiten Weltkrieges. Angeblich war er acht Tage betrunken. Heute ist die Hemingway Bar in dem Hotel mit dem schönen klassischen Ambiente und dem sonst eher schlechten Service allabendlich zumeist ausgebucht. Für Geschichte und Geschichten, für die Legendenbildung im Hotel sorgt halt nichts, aber auch gar nichts mehr als eine gut funktionierende Hotelbar mit klangvollem Namen. Keiner mag so richtig abschätzen, wie viele Hotelbars in aller Welt nach Hemingway benannt sind.

Der zweithäufigste Name für Hotelbars ist wohl Harry's New York Bar, die man auch in etlichen deutschen Städten findet. Ich mag besonders gerne den lang gestreckten Thekenraum gleichen Namens im Kölner InterConti Hotel, wo nicht nur zur Karnevalszeit allabendlich rheinische Hochstimmung herrscht. Über Hotelbars und ihr Barkeeper profilieren sich Hotels, wie das Beispiel Andreas Lanninger zeigt. Erst war es das Berliner Esplanade, dann das Maritim in der Hauptstadt, jetzt hat er eine Bar, die seinen Namen trägt, aber auch für Geschäft im Abion Hotel sorgt, mit dem er verbunden ist. Von den internationalen Bars weltweit sind zwei in Deutschland (Berlin und Düsseldorf) meine absoluten Favoriten: Die asiatisch ausgerichtete Shochu Bar im Komplex des Berliner Hotel-Flaggschiffs Adlon ist elegant, konsequent modern gestaltet und strahlt im Gegensatz zu vielen Designer-Einrichtungen trotzdem angenehme Wärme und Behaglichkeit aus. Ganz interessant, dass hier nicht allein Cocktails im Mittelpunkt stehen, sondern die edelsten Champagner Dom Pérignon und Krug, die auch glasweise ausgeschenkt werden. Dazu wird eine Sushi- und Sashimi-Kollektion angeboten, die zur besten in der Stadt gehört.

Zweitens die Bar im Düsseldorfer Breidenbacher Hof, einem Capella-Hotel. Sie ist mit Zebrafellmuster, schwarzem Marmor im Wechsel mit edlen Hölzern und faszinierendem Lichtdesign noch frecher konzipiert als vergleichbare Einrichtungen in New York. Als ich mich dort verabredet hatte, war ich glücklich, noch ein Eckchen gefunden zu haben, so gefragt ist der Treffpunkt in der Modestadt am Rhein. Zu einer besonderen Attraktion wurde der Barchef selber. Der gebürtige Schweizer Mirko Gardelliano war bereits mehrmals zum Barkeeper des Jahres gekürt worden und hat das besondere Talent, selbst auf die verdrießlichsten Gesichter ein Lächeln zu zaubern. Er mixt nicht nur Cocktails, sondern fungiert gleichermaßen als Entertainer wie als Seelsorger. Ein Erfolgsgarant.

Ganz am Rande: Die teuerste Bar der Welt empfängt im Burj al Arab in Dubai ihre Gäste. Auf der Getränkekarte wird beispielsweise ein Drink „27321" genannt. Dies ist gleichzeitig der Preis in der Landeswährung Dirham (4700 Euro). Dafür gibt es einen fünfundfünfzig Jahre alten Whiskey mit einem Früchtebitter, Maracujazucker im Baccaratglas serviert. Das Glas ist damit aber noch nicht bezahlt.

# Ein positiver Hoteltest auf Mallorca

## IM ST. REGIS MARDAVALL STIMMEN SERVICE UND KÜCHE

In kaum einer anderen Branche wird zurzeit so permanent Monopoly gespielt wie in der Hotellerie. Durch Verkauf oder Betreiberwechsel bekommen etliche Hotels von heute auf morgen neue Namen. Manchmal ändert sich damit auch etwas Grundsätzliches in den Domizilen, manchmal sind es nur ein paar kosmetische Korrekturen. Und die Taxifahrer fluchen, wenn das Ferienhotel im norddeutschen Neddesitz plötzlich nicht mehr Steigenberger heißt und Heiligendamm nicht mehr Kempinski.

Eines der Top-Hotels im Mittelmeerraum, das Mardavall auf Mallorca, wurde zum St. Regis umgetauft und damit in die mit Abstand beste Gruppe des Hotel-Sammelsuriums von Starwood eingereiht, einem Konzern, der im Schnitt höchstens mal als durchschnittlich einzuordnen ist, die feinen St.-Regis-Häuser einmal ausgenommen. Hier gab es also keinen Verkauf, keine Übernahme, sondern eine neue Zuordnung. Was hat sich nun geändert im einst vom Münchener Unternehmer Stefan Schörghuber erbauten Mardavall, seitdem es nun ein St. Regis ist? Ich wollte es genau wissen. Für den ersten Unterschied sorgt die prächtige mediterrane Parkanlage, die heute ein wunderbares Bild am Rande des Meeres bietet. Damals habe ich angesichts des traurigen Parks gefragt, was die Gärtner eigentlich im Hauptberuf machen. Es war eine Anlage wie Kraut und Rüben.

Die wunderschöne kathedralenhohe Halle musste nicht verändert werden, die faszinierte mich damals wie heute bei jedem Besuch. Lediglich das Farbenspiel ist harmonischer geworden: Wände, Vorhänge, Flure leuchten in Lavendellila und Weiß. Ein gediegenes Wechselspiel. Die einhundertdreiunddreißig Zimmer und Suiten in dem Haus, in dem schon der spanische König wohnte, wurden nicht komplett erneuert, aber mit kleinen Detailänderungen funktioneller gestaltet. Zwei gravierende Unterschiede von früher zu heute habe ich registriert. Der schlimmste Mardavall-Schwachpunkt war die unterdurchschnittliche Küchenleistung, einfach unangemessen für ein Fünf-Sterne-Plus-Hotel. In der St.-Regis-Zeitrechnung wurde vom sympathischen deutschen Hotelchef Christian Hollweck ein ganz Großer am Herd verpflichtet, der heute einen exzellenten Job macht. Thomas Kahl zeichnet sowohl für das „Alltagsrestaurant" als auch für den Gourmettempel Es Fum verantwortlich. Kahl war Souschef bei Pierre Gagnaire in Paris, den ich persönlich für den besten und kreativsten Koch der Welt halte. Wo früher Kritik wirklich angebracht war, ist heute Genuss programmiert, zum Besispiel mit Languste und Langostine in köstlicher Kombination, Steinbutt mit kurz angebratenen Steinpilzen. Köstlich die Variation vom Rehrücken in einer vorzüglichen Haselnusskruste, kombiniert mit Selleriebuchteln – reine Gaumenfreuden. Erkennbar verändert und verbessert erwies sich die Servicequalität durch permanente Schulung. Nicht nur ich habe das so empfunden, sondern sehr genau in die Runde der Gäste geschaut. Alle Wünsche wurden erfüllt. Die Formulierung „Geht nicht, gibt's nicht". In der Tat zwei gravierende Unterschiede, die nun gar nichts mit bautechnischen Maßnahmen oder verändertem Design zu tun haben. Für den Gast sind sie weit wichtiger.

Was schon immer gut war blieb unverändert. So das Altira Spa, eine der größten Wellnessoasen Europas, die vom amerikanischen Branchenmagazin Condé Nast Traveler den weltweiten Spa-Award verliehen bekam. Erweitert wurde lediglich die Palette der asiatischen Massagen.

# Wenn Prominente ein Hotel führen

## VON KLASSE- UND MÖCHTEGERN-HOTELIERS

Faszination Hotel. Ganz gleich, ob im Business, Showgeschäft oder Sport, hat sich finanzieller Erfolg eingestellt, trachten viele Alltagshelden plötzlich danach, ein eigenes Hotel zu haben, quasi als Krönchen obendrauf zur Selbstbelohnung. Ich habe zahlreiche dieser Hobbyhoteliers kennengelernt und die Zahl wird ständig größer. Da hat der Hollywood-Star Richard Gere seinen, wie er sagt, „größten Lebenswunsch" erfüllt und ein altes Farmhaus in Bedford, fünfzig Kilometer nördlich von New York, in ein schickes Boutiquehotel umgebaut. Zumindest für ein paar Tage platzierte er sich in seinem Bedford Post Inn hinter der Rezeptionstheke. Das eigene Hotel war auch Lust und Freude seines Schauspielerkollegen Robert de Niro, der ebenfalls in New York das Greenwich Hotel mit 88 Zimmern und zwölf Suiten betreibt.

In Anspielung auf seinen Filmerfolg nennt ihn die Branche den „Hotel-Paten von New York“. In das Thompson Hotel und in das Bowery im Big Apple investierten ebenfalls Showstars einen Großteil ihrer Einkünfte. Ich habe erfolgreiche Geschäftsleute erlebt, die sehr sorgfältig und solide jeden einzelnen Businessschritt geplant hatten und plötzlich mit eigenen Hotels als Hobby volles Risiko gingen und manchmal auch auf die Nase fielen.

Die Provence, eine Landschaft, die mit Farben und Düften nur so protzt, ist der prächtige Rahmen für ein ungewöhnliches Hotel. Dietmar Hopp, einer der Gründerväter von SAP, verwirklichte dort, wo der rustikale Charme der Provence auf die französische Riviera trifft, einen Traum, kauft die Domaine Terre Blanche. Damit verbunden realisierte er die Wunschvorstellung von einem Hotel, in die er seine ganzen Erfahrungen von fremden Betten einpackte. Geführt wird das Feriendomizil von der kanadischen Top-Gruppe Four Seasons. Es ist nicht das erst und einzige Hotel des erfolgreichen Geschäftsmannes. Denken Sie nur an die Bühlerhöhe im Schwarzwald, die einst ein anderer Hotelenthusiast, Max Grundig, mit gewaltigem Aufwand an die Spitze brachte. Nach dessen Tod stürzte das Hotel ab. Ständig wurden die Betreiber-Gruppen gewechselt. Dann wollte sich Hopp stärker selber kümmern. Schließlich verkaufte er das

„Ärgernis“, verlor aber nie, wie er sagt, seine Leidenschaft für ganz besondere Domizile. Mit seiner Liebe zu Hotels ist er kein Einzelfall. Ganz gleich, ob sein früherer SAP-Partner Hasso Plattner, Tengelmann-Initiator Karl-Erivan Haub und zahlreiche andere, es ist „in“, ein eigenes Hotel zu haben.

„Zufall ist der gebräuchlichste Name des Schicksals“, formulierte einst Fontane. Stimmt. Nehmen Sie als Beispiel Ian Schrager, der hatte mit allerlei Investitionen zu tun, nie aber mit Hotels. Als er wegen hinterzogenen Steuern in Millionenhöhe im Gefängnis saß, konzipierte er „ganz zufällig“ aus reinem Zeitvertreib ein Designhotel, das später Modell für eine ganze Kette wurde.

Größte Bewunderung hege ich für den Hamburger Theo Gerlach, einem erfolgreichen Wohnungsbauunternehmer, der sich vor Jahren „mal eben so“ ein Hotel auf Gran Canaria zulegte. Jetzt hat der sympathische Gentleman auf seine alten Tage insgesamt sieben unter dem Firmenbegriff „Seaside“. Von wegen Ruhestand. Tag für Tag ist er im Einsatz, um die Qualität ständig zu verbessern. Das macht den Unterschied aus zwischen Klasse- und Möchtegern-Hoteliers.

# Spitzenhotels trotz Krise

## DIE RANGLISTE DER BESTEN HOTELGRUPPEN, WIE DER AUTOR SIE SIEHT

In den edelsten Hotelgruppen der Welt hat die Krise wie ein Hurrikan gewütet. Ich war einst dabei, als Four Seasons, zu Zeiten des deutschen Präsidenten Wolf Hengst die beste Gruppe weltweit, auf der Bahama-Insel Great Exuma das Resort Emerald Bay eröffnete. Eine Top-Adresse für exklusive Badeferien. Aus und vorbei. Das Resorthotel musste geschlossen werden. Ebenso die vielleicht schönste Adresse in der Karibik, auf der Insel Nevis (das finden Sie auf der Karte zwischen St. Martin und Antigua).

Ich weiß, Paradiese gibt es auch in der Hotellandschaft nicht, doch dieses Four Seasons mit dem sensationellen Wellnesscenter, dem Golfplatz, wo man von den Bahnen den weiten Meerblick hatte, kam dem zumindest nahe. Und jetzt in der Krise geschlossen wie noch weitere Häuser, ganz traurig. Betretenheit auch bei Ritz-

Carlton, weil man sich aus Kostengründen von feinen Restaurants verabschiedete. Im Flaggschiff Buckhead in Atlanta, wo einst das Headquarters der Gesellschaft war, schlossen sich endgültig die Türen zum „Dining Room".

Die Jumeirah-Gruppe, wie es schien auf einen ungebremsten Höhenflug, überlebt in schwierigen Zeiten, weil sie frisches Geld aus Abu Dhabi bekommen hat. Weitere Expansionen ungewiss. Die schlimmsten Hiobsbotschaften bekam ich zum Taj Hotel in Boston, was die Qualität dieser alten Hotellady angeht, die einst das erste Grandhotel von Cäsar Ritz auf amerikanischem Boden war und lange Zeit ein Ritz-Carlton war. Nach Beschreibung von Gästen muss das Haus unglaublich schlecht geführt sein. Schade, wo die Gruppe im asiatischen Raum doch eine so hohe Gästezufriedenheit erreicht. Die ist Gott sei Dank in zwei Gruppen noch durchgängig: in den Peninsula und in den Mandarin Oriental Hotels.

Ich erlebte die besondere Qualität im Peninsula Beverly Hills. Hier ist der asiatische perfekte Service mit einem Lächeln gepaart mit der Leichtigkeit kalifornischen Seins. Denselben hohen Standard erreicht Rudy Tauschers Mandarin Hotel in New York. Neue Hotelgruppen wie The Address (stark in den Emiraten) und die Capella Hotels (in Deutschland der Breidenbacher Hof in Düsseldorf) sind auf dem Weg nach oben.

Zur Spitze gehören auch deutsche Hotelzusammenschlüsse wie die Oetker Collection, die sehr international aufgestellt ist. Das Bristol in Paris gehört dazu und in Deutschland, wie jeder Hotelfreund weiß, Brenner's Park-Hotel in Baden-Baden. Die Gesamtregie führt Frank Marrenbach. Der junge, sportliche Brenner's-Direktor, den auch die Leading Hotels of the World gerne als Top-Manager hätten, arbeitet an einer behutsamen, seriösen Expansion.

Die national stärkste Hotelgruppe in Deutschland ist klipp und klar die von Thomas Althoff zusammengestellte Hotel- und Resortsammlung. Althoff hat nicht nur die meisten Michelin-Sterne in den Restaurants, seine Häuser sind auch um Längen besser als beispielsweise die von Steigenberger, Maritim oder Accor.

Noch einmal zurück zu weltweiten Hotellerie: Alles zusammengenommen und bewertet, ist es keine leichte Übung, in diesem Jahr aus den 4000 Hotelgruppen weltweit die zwölf besten herauszuarbeiten, wie ich es seit vielen Jahren für die Spitzenhotellerie mache.

Und das ist die Wertung, auf die Sie sich verlassen können: 1. Peninsula, 2. Mandarin Oriental, 3. Ritz-Carlton International, 4. Aman Resorts, 5. Four Seasons, 6. Orient Express Hotels, 7. One&Only Hotels, 8. St. Regis, 9. Banyan Tree, 10. Jumeirah, 11. Kempinski, 12. Shangri-La.

# Rezepte für die Ewigkeit

## DEN GROSSEN GEWIDMET: FILET WELLINGTON & CO.

Internationale Langeweile in Hotelrestaurants ist weitgehend „out". Die Gäste mit Gaumenfreuden zu pflegen, immer häufiger „in". Dabei müssen es nicht immer neue kreative Höhenflüge des Küchenchefs sein, zum Glück ist Tradition in den Hotels für Connaisseurs Trumpf.

Ein Genuss für alle Sinne. Das Messer teilt den Blätterteig, gleitet durch den angerösteten grünen (ungeräucherten) Speck und die Pilzmasse, erreicht das köstliche Filet vom Charolais-Rind. Eine drei Finger starke Scheibe fällt auf den Teller, saftig rot, Medium rare gebraten. Ein wahrlich köstliches Gericht, das einst vom Schweizer Küchenchef Charles Senn zum Gedenken an den Feldherrn Sir Arthur Wellesley, Herzog von Wellington, kreiert wurde. Es ist heute so aktuell wie vor fast 200 Jahren. „Filet Wellington", ein „Genuss-Denkmal" für alle Zeiten, das gerade mal eine winzige Änderung erfuhr. Damals wurde es mit Pferdefleisch angerichtet … Kulinarische Würdigung für kulturhistorische Legenden, für die Großen ihrer Zeit erdacht, sind längst allgemeine Köstlichkeiten für alle Genießer. Es gibt eine ganze Reihe dieser besonderen Gerichte in allen Preislagen. Ich denke da an den Bismarckhering, an die Rossini-Köstlichkeit, an den hawaiischen Erdofenbraten „Kamehameha" (letztes Königsgeschlecht des Südseeinselreiches). In jüngerer Zeit erfand Paul Bocuse die Trüffelsuppe Giscard d'Estaing, die der damalige französische Präsident ganz besonderen Staatsgästen servieren ließ. Bocuse hat mir geduldig beigebracht, wie dieses Meisterwerk funktioniert. Es lässt sich gewiss auch mit weniger teuren Grundprodukten variieren. Im Original ist es eine durch Reduktion konzentrierte Consommé, mit 50 Gramm in Scheiben geschnittenen Périgord-Trüffel, einer hauchfeinen Scheibe Gänseleberterrine. Die köstlichen Zutaten werden in kleine bauchige Suppengefäße gefüllt, dann wird Blätterteig ausgerollt und als Deckel aufgesetzt und mit Hilfe von Eigelb festgedrückt. Im Ofen hebt sich der Blätterteig zu einer goldgelben Haube, die schließlich mit dem Löffel aufgebrochen wird. Allein der Duft, der ausströmt, ist Genuss pur.

Ebenso lustvoll in aller Munde: das Dessert Birne Helene (französisch: Poire belle Hélène), das 1870 von Auguste Escoffier zur Premiere von

Jacques Offenbachs Operette „Die schöne Helena“ kreiert wurde. Eine frische geschälte Birne wird in Läuterzucker pochiert, nach dem Auskühlen auf Vanilleeis angerichtet und mit kandierten Veilchen bestreut, dazu wird heiße Schokoladensauce gereicht. Eine zweite Nachspeise der besonderen Art ist das Fürst-Pückler-Eis, das der Königlich-Preußische Hofkoch Jungius 1839 dem Schriftsteller Hermann von Pückler-Muskau widmete. Ein dreischichtiges Eis (Schokolade und Früchte) wird mit so viel Sahne zubereitet, dass die Masse nur halb gefriert.

Höhepunkt der köstlichen wie kulturhistorischen Sammlung sind für mich die Tournedos à la Rossini. In den Aufzeichnungen heißt es, drei Mal habe der Meister Giacchino Rossini geweint: vor Enttäuschung, als sein „Barbier von Sevilla“ mit Pauken und Trompeten durchfiel, das zweite Mal vor Glück, als er eine Mozart-Arie singen hörte, und dann, als er sein kulinarisches Kunstwerk probierte. Rossini, der die beneidenswerte Gabe hatte, sich Kummer von der Seele zu essen, nahm gut abgehangene Rinderfilets, richtete sie auf einem Sockel Weißbrotcroûtons an, die mit etwas Fleischreduktion überzogen waren. Mit einer kurz gebratenen Gänseleberscheibe und gehobelten Périgord-Trüffel garnierte er die Köstlichkeit, bevor er die Bratensauce mit Madeira und Trüffelessenz abschmeckte.

# Drei Tage Genuss-Marathon

## IM ADLON WIRD WIE ZU KAISERS ZEITEN GEFEIERT

Hotel-Geschichte und Tradition können hilfreich und gut für die Imagepflege sein. Der Gast hat mehr von alltäglichen Vorteilen. Im Adlon beispielsweise bekommt der Gast in den großen Suiten morgens immer noch seine Tageszeitung gebügelt, damit er keine Druckerschwärze an den Fingern hat. Der Concierge verbringt manchmal wahre Wunder und die Restaurants bieten für jeden Geschmack Genuss. Dafür sorgen neue Männer an der Spitze. Oliver Eller, vorher Ritz-Carlton, ist der neue Generaldirektor und Hendrik Otto der Küchenkünstler im Lorenz Adlon. Genossen und gefeiert wird wie in der Kaiserzeit, da kommt wieder die Tradition ins Spiel. Ein Gericht voller Duft, Aromen, Ästhetik, schlicht eine Köstlichkeit für alle Sinne, diese Etouffée-Taube, rosa gebraten mit Wirsingblatt, Gänseleber und reichlich schwarzen Périgord-

Trüffel, schlug den Bogen über ein Jahrhundert von der guten alten Zeit zum aktuellen Drei-Tage-Genuss-Marathon im Berliner Paradehotel Adlon am Pariser Platz. In der Fortsetzung der 100-Jahre-Feier jetzt das zehnjährige Jubiläum des Sternerestaurants Lorenz Adlon nach der Wiedergeburt. Damals begeisterte die Taubenbrust und heute wieder.

Ich glaube nicht, dass es noch in Ehren ergraute Gäste gibt, die im ersten Lorenz-Adlon-

Restaurant zu Beginn des 20. Jahrhunderts die beiden Branchengrößten Cäsar Ritz und Auguste Escoffier (König der Köche) beim gemeinsamen Gastspiel erlebt haben. Die Küchenqualität unter der Regie von Escoffier, so wurde unzählige Male überliefert, soll einzig gewesen sein. Zum zehnjährigen Jubiläum des neu aufgelegten Lorenz Adlon, dem aktuellen Sternerestaurant in Deutschlands berühmtestem Hotel, wurde eine ähnlich sensationelle Qualität erreicht. Dazu wäre der inzwischen ausgeschiedene Küchenchef Thomas Neeser allein gewiss nicht in der Lage gewesen. Doch die gebündelte Klasse der Gaststars, des Drei-Sterne-Kochs Marc Haeberlin, des grandiosen Ex-Adlon-Küchendirektors Karlheinz Hauser (nach der Wiedergeburt des Hotels), sorgte drei Nächte lang für einen absolut kulinarischen Genuss bei Küchenparty und dem eleganten, gesetzten Essen mit vorzüglichen Weinen. Bevor wir wieder in die Sachlichkeit eintauchen, noch ein paar Köstlichkeiten zum Appetitmachen. Die Komposition von Imperialkaviar und Jakobsmuscheln auf Blumenkohl und Roter Bete beispielsweise oder das Filet vom Texas-Beef eingehüllt in hauchdünne Scheiben von Périgord-Trüffel verfeinert mit Rindermark und Topinambur. Für den süßen Abschluss sorgte Europas Nummer eins der Patissiers, Stefan Franz.

Hotel- und Restaurantjubiläen sorgen stets für hohen Aufmerksamkeitswert, entwickeln

Schubkraft für Marketingstrategien und helfen den Verkaufsmanagern auf einem schwierigen Markt. Dementsprechend feiern neue Domizile schon nach drei oder fünf Jahren und nach sieben bis acht Jahren jubilieren die Werbestrategen bereits von der großen Tradition des Hauses. Wenn man das alles einmal in Relation setzt, kann der festliche Rahmen für eine sage und schreibe 100-Jahr-Feier kombiniert mit dem zehnten Jahrestag der Wiederherstellung gar nicht glamourös genug sein und verträgt gewiss auch gleich mehrere Festakte. Für den Beginn der Hotelgeschichte mit Stil, Eleganz, kulinarischem Glanz und kultivierter Fröhlichkeit, die in Festschriften, Edelbroschüren und Büchern plakativ herausgestellt wurden, hatte der aus Mainz stammende Hotel- und Restaurantbesitzer Lorenz Adlon gesorgt. Ursprünglich ein Quereinsteiger, dessen Name ein Mythos wurde und zum Synonym für Luxus, Pracht und Eleganz. In Berlin eröffnete er das erste Feinschmeckerrestaurant am Platz Unter den Linden und dann wollte er seine Ideen von Service und Gästebetreuung in ein ganz besonderes Hotel betten. Für die aktuellen Festlichkeiten war der Lorenz Adlon unserer Tage Gianni van Daalen zurückgekehrt, der inzwischen als Europa-Präsident für die Kempinski-Häuser Verantwortung trägt. Schön, dass es noch Leute wie ihn gibt, die auch in schwierigen Zeiten Savoir-vivre der feinsten Art garantieren.

# Weltreise als Hilfsmission

## REINER MEUTSCH (BERGE & MEER) NIMMT SICH EINE AUSZEIT, UM WELTWEIT ZU HELFEN

Über Reisen in ferne Länder gibt es ebenso viele Zitate und kluge Sprüche wie es Beweggründe zum Aufbruch gibt. Zwei Beispiele für viele: „Die Leidenschaft des Reisens ist das weiseste Laster, welches die Erde kennt" (Bruno H. Bürgel) und „Nur wer bereit zu Aufbruch ist und Reise, mag lähmender Gewöhnung sich entraffen" (Hermann Hesse).

Ganz oben steht bei den meisten tatsächlich die Lust, die Schönheiten der weiten Welt zu genießen. Unterwegs sein sei letztlich wichtiger, als anzukommen: Genuss mit Fernweh, Savoir-vivre. Mehrfach habe ich in letzter Zeit aber auch erlebt, dass Menschen ferne Länder nur als Ziele sehen, um selbstlos Anderen helfen zu können. So wie ein Münchener Professor, der in eine wenig erschlossene Amazonas-Gegend aufgebrochen ist, um unentgeltlich Einheimische in abgelegenen Armutscamps medizinisch zu betreuen. Eine Freundin von mir opfert den wohlverdienten Urlaub und Erspartes, um in Indien Kinder kostenlos zu unterrichten.

Den Mann, der am perfektesten die Richtung „eigene Hilfsprogramme auf Reisen“ vorlebt, traf ich bei einem Zwischenstopp. Reiner Meutsch, Chef des Reiseveranstalters „Berge und Meer“, TV-Moderator und Pilot mit Privatmaschine, nahm ein halbes Jahr Auszeit vom Management und startete gemeinsam mit einem Partner einen Etappenflug um den Erdball, um überall mit eigenen Mitteln und Initiativen zu helfen.

Jetzt, nachdem er drei Kontinente bereist hat, machte er vor den nächsten Etappen eine kurze Pause in Deutschland. Man spürt seine Freude, das Genießen, das Glück, eine derartige Möglichkeit zu haben, wenn er davon erzählt, dass er auf seiner Fly-and-Help-Tour mehr als einhunderttausend Flugkilometer zurücklegen und siebenundsiebzig Länder ansteuern wird. Von Deutschland brachte ihn seine zweimotorige Piper Cheyenne ins afrikanische Ruanda, wo er eine Grundschule einrichtete. Die Stationen zwei und drei waren Indien und Indonesien, speziell Java. Der Manager, der sich auf Zeit konsequent aus dem Business verabschiedet hat, organisiert Dorfambulanzen, Schulen, Kinderheime. Die anfallenden Kosten werden von seiner Reiner-Meutsch-Stiftung getragen.

Vor allem in Indien stand das große Reiseglück angesichts bitterer Armut und Perspektivlosigkeit vieler Menschen zeitweise im Schatten. Unverändert begeistert zeigte sich der Stifter dennoch, weil er trotz der materiellen Not überall mit großer Gastfreundschaft und Herzlichkeit empfangen wurde. Ein wahrer Lohn.

Insgesamt standen einhundert Projekte rund um den Globus an. Auch selbstlose Helfer sind vor Krankheiten nicht gefeit. Meutschs Programm verzögerte sich, weil er sich in Indien eine böse bakterielle Infektion geholt hatte. Sein leidenschaftliches Engagement wurde dadurch nicht beeinträchtigt.

Ich kann nur sagen: Großartig, dass es noch solche Initiativen gibt. Dabei ist es für die wohltätige Idee wahrlich kein Nachteil, dass ihm das Hilfsprogramm auf silbernen Flügeln auch selber so viel Freude und Befriedigung bringt: Mit Reisen helfen.

Längst ist belegt, dass der internationale Tourismus mindestens ebenso viel hilft und Nutzen bringt, wie er belastend sein kann. „Sanfter Tourismus“ mit Schutz- und Hilfsprogrammen für Natur- und Kulturgüter ist nicht nur ein Schlagwort unserer Zeit, sondern Realität bei vielen Veranstaltern und Programmen, wie beispielsweise mustergültig auf den Galapagos-Inseln und den Malediven praktiziert.

# Hotel als Wohnsitz

## PROMINENTE DAUERGÄSTE UND IHR ZUHAUSE AUF ZEIT

Zwischen Plüsch und Prunk empfing mich ein Freund in seinem „Wohnzimmer" mit Blick auf den Atlantik. Der Raum wirkte unglaublich aufgeräumt, und als es an der Tür läutete, stand da der Kellner im Smoking, der Tee und Gebäck servierte. Als Schriftsteller noch im Wartestand auf den Erfolg, aber als Erbe bereits mit beruhigendem Kontostand, wohnt er seit einem Jahr in Palm Beach. Nicht in einem Haus oder in einer großzügigen Wohnung, er lebt als Dauergast im Hotel Breakers, dem mächtigen Palast am Meer, zahlt dafür jährlich eine halbe Million Dollar. Wenn man sich das leisten kann. Ihm gefällt die Anonymität der Herberge und er mag permanent umsorgt werden.

Im gleichen Umfeld wohnt Multimillionär Ronald Haan, Software-Spezialist für Telefongesellschaften, seit er seine Firma verkauft hat. Seine Heimatadresse ist das Lowell in New York.

Dauergäste im Hotel, das ist eine ganz besondere Klientel, die sich Hoteliers wünschen, ganz gleich, wie viele Sterne das Haus zieren. „Ich wollte nur einmal erleben, wie es ist, wie ein Star zu leben“, sagte einst John Wayne und zog ins Château Marmont in Los Angeles. Er blieb jahrelang und lebte alle Märchen vom Schlaraffenland und alle Sehnsüchte nach Geborgenheit in Bett und Bad. Nicht je teurer, desto besser oder umgekehrt: Klasse ist oder hat ein Hotel, wenn es dem Fremden ein Zuhause auf Zeit werden kann, in vielen Fällen auf Lebenszeit. Es sind nicht nur die Reichen und die, die im Erfolg baden. Auch verarmte, heimatlose Poeten finden zu Dutzenden eine billige Bleibe in New York – für, sagen wir, zwanzig Dollar pro Tag, wo der Heizkörper knackt und man am unruhigen Schlaf des Nachbarn teilnehmen muss.

Bei meinem Besuch im Chelsea Hotel in Down Town Manhattan wurde ich an den verstorbenen Dramatiker Arthur Miller erinnert, der nach der Trennung von Marilyn Monroe sechs Jahre hier gewohnt hatte und von dem der berühmte Satz stammt: „Dieses Hotel gehört nicht zu Amerika, es gibt keinen Staubsauger, keine Regeln, keinen Geschmack, keine Scham. Es ist die Bastion des Surrealen.“ Viele bedeutende Männer wohnten ihr Leben lang oder eine lange

Strecke im „Oriental" in Bangkok. Nach ihnen sind die meisten Suiten im alten Teil des Hotels, dem „Author's Wing", benannt: James Michener, Noël Coward, Barbara Cartland, Graham Greene und Somerset Maugham. Für diese Gäste von einst war das gefühlte Daheim ausschließlich die Edelherberge.

Zu den Wohlbetuchten, die sich eine Dauerbleibe im Luxushotel leisten können, gehören seit Jahren eine Handvoll Gäste im Bayerischen Hof in München. Wer 365 Tage im Jahr hier wohnt, bekommt natürlich Rabatt, aber den vollen Service. Man braucht nur Dauergast zu werden, um König zu sein.

Auch der deutsche Altrocker Udo Lindenberg fühlt sich nur im Hotel wohl. Der Hutträger wohnte jahrelang im Hamburger „Hotel Atlantic". Ein Freund sagte über den Sänger, dass der mit der Zeit die Bar des Hotels für sein Wohnzimmer hielt. Lindenberg will seiner Wohnphilosophie für alle Zeiten treu bleiben: zu Hause im Hotel.

Im Grandhotel Bensberg, das im wunderschönen Schloss brillant eingerichtet ist, traf ich ein paar Auswanderer, die in Amerika ihr Glück (und Geld) gemacht hatten und nun für ein halbes Jahr die alte Heimat erleben wollten. Schöner als hier könne man nicht wohnen, war ihre Argumentation, wo beim Blick aus dem Fenster in der Ferne die Türme des Kölner Doms zu sehen sind. Felix Magath, der anerkannteste deutsche Fußballtrainer, wohnte die erste Saison, in der er Schalke trainierte, im Breidenbacher Hof in Düsseldorf; auch er bezeichnete das Hotel als „Wohnsitz auf Zeit“.

# Ab ins Kloster!

## WIE KLOSTERLEBEN ZUM GENUSS WIRD

Lassen wir den Satz mal so stehen. Ich gehe ins Kloster. Erstaunen? Schon ein bisschen, dabei hatte ich wahrlich nicht vor, in nächster Zeit allem Weltlichen zu entsagen, was ja mit dem Gedanken Kloster verbunden ist. Die guten Zeiten eines Mönchs Dom Pérignon (der in seinem Kloster einst den Champagner erfand) sind ja vorbei. Ich wollte aber lediglich den neuen Hoteltrend erleben.

Nach allen möglichen Arten von Domizilen von Schlössern bis Gefängnismauern ist jetzt Übernachten, auch Leben und Genießen in ehemaligen Klostermauern angesagt. Zu Beginn der hohen Zeit der weißen Trüffel ist natürlich das Urbild aller Klosterhotels La Locanda del Sant Ufficio im italienischen Cioccaro di Penago (Asti) der beste Einstieg. Sehe ich mal vom Genuss der teuren Köstlichkeit ab, geht es hier extrem bescheiden, ja spartanisch zu. Unverkleidete Ziegel, rustikale Holzkonstruktionen, winzige Fenster, Erinnerungen an schweres Mönchsleben prägen heute noch die Optik. Dennoch ist in dem strengen Gemäuer aus dem frühen 17. Jahrhundert Wohlfühlaroma zu registrieren. Die unverfälschte Piemonteser Landküche wird in den Wintermonaten vom Duft der edlen Schlauchpilze gekrönt.

Genuss inklusive gilt auch im Rheingau. Einst bauten die Mönche aus dem Kloster Johannisberg an den Hängen Wein an und die edlen Reben machen die Region heute noch zum beliebten Ausflugziel. Das Hotel Kloster Johannisberg, eine ordentliche Mittelklasse, offeriert ständig genussvolle Weinmenüs, Festivals der Weinverkostungen und zum Jahreswechsel prächtiges Feuerwerk über dem Rhein.

Wie populär in allen Ländern inzwischen Hotelleben in historischen Kirchengemäuern ist, macht im hochklassigen Bereich die Aktion der weltweiten Vereinigung Small Luxury Hotels of the World deutlich: In sechs europäischen Ländern werden Domizile gebündelt offeriert, die alle eine große Klostergeschichte haben. Nehmen Sie das Karthäuserkloster aus dem 15. Jahrhundert in Brügge. Heute firmiert das kleine Haus mit zwanzig Gästezimmern unter Martin's Orangerie. Großzügig erstreckt sich der 1540 erbaute Konvent über das denkmalgeschützte Kloster mit Haupthaus und Nebengebäuden. Aus allen Zimmern hat man einen prächtigen Blick auf den andalusischen Garten. In der ehemaligen Klosterbibliothek wurde das Restaurant El Claustro eingerichtet.

Im Glenlo Abbey Hotel bei Galway in Irland, das ich besucht habe, waren noch bis ins 19. Jahrhundert hinein Mönche zu Hause. Heute kommen Gäste, die totale Ruhe suchen und innere Einkehr mit einem herrlichen Blick auf den See Lough Corrib. Es passiert selten, aber hier haben die Werbetexter nicht übertrieben, wenn sie sagen, dass im Klosterhotel „Friede fühlbar wird". Mitten im Anbaugebiet der besten weißen Burgunder-Grand-Cru-Lagen bewiesen die Gottesmänner schon vor vierhundert Jahren, dass sie auch der Lebensfreude nicht abgeneigt waren. Heute ist die alte Abtei des Zisterzienserordens bei Beaume als Château de Gilly ein ungewöhnliches Hotel mit sakraler Anmut und herrschaftlicher Pracht.

Wer nur die irgendwie beruhigende Bauweise eines Klosters mit Innenhof, Kreuzgang und alten Fresken, das alles aber kombiniert mit allermodernstem Hotelkomfort erleben möchte, dem empfehle ich die fantastische Hotelanlage des Four Seasons in Mailand. Die edle Herberge hat als Basis ein Kloster aus dem 15. Jahrhundert. Dieses Hotel im berühmten Goldenen Dreieck Mailands zwischen der Via Monte Napoleone, der Via della Spiga und Sant'Andrea versteckt sich hinter einer völlig bürgerlichen Fassade in der feinen Seitenstraße Via Gesu.

# Welcome Hotels – in ihrer Klasse unerreicht

## DOMIZILE FÜR BUSINESS, WELLNESS UND GENUSS

Conrad Hilton pflegte auf die Frage nach dem größten Vorteil und der wichtigsten Voraussetzung für ein gutes Hotel stets die immer gleiche Antwort zu geben: „Location, Location" – der Standort macht's. Bei Businesshotels (nahe dem Finanzdistrikt) und Ferienhotels mit dem beglückend schönen Blick aus dem Fenster hatte er gewiss Recht.

Das gilt übrigens für alle Kategorien, nicht nur für die so genannten Fünf-Sterne-plus-Tempel. Überdeutlich erlebte ich das im Welcome Hotel Meschede. Dieses außergewöhnliche Sauerland-Domizil hatte ich zum ersten Mal besucht und von der Terrasse den atemberaubenden Blick auf den Hennesee, auf Wald und wie mit Tusche gezeichnete Berge zelebriert. Erster Eindruck: ein Bilderbuchstück Kanada, aber ohne weite Anreise. Ich genoss die Ruhe mit Andacht. Es gibt halt noch

Orte, wo Friede fühlbar wird und Stille hörbar ist. Genau hier kam mir diese Erkenntnis, zwischen Warstein und Arnsberg. Wer gestresst ist, kann die Seele baumeln lassen. Ein häufig verwandter Spruch, aber für das Welcome Hotel und die prächtige Natur passt er. Was mich überraschte, war die Information, dass dieses idyllische Plätzchen zugleich eines der meist gebuchten Konferenzzentren ist, die ideale Adresse für repräsentatives Tagen. Und so erfolgreich natürlich auch, weil man von Rhein und Ruhr so schnell anreisen kann.

Horst Schulze, der größte Pionier in der Hotelgeschichte (Gründer der Ritz-Carlton-Gruppe, heute Inhaber der Capella- und Solis-Hotels mit Sitz in Atlanta), hat seine helle Freude an dem Namen Welcome Hotels. In seinen zwanzig Serviceschritten zur Topqualität , die gleich zweimal zum Gewinn des Baldrige Quality Awards, der höchsten Qualitätsauszeichnung der USA, führten, ist der Einstieg „a very warm welcome". Dieses herzliche Gastgefühl, von Herzen willkommen zu sein, steht ebenso als Credo der Gruppe, die zum Warsteiner Brauereikonzern gehört. Vierzehn Hotels der Drei- und Vier-Sterne-Superior-Kategorie zählen zur expandierenden Welcome-Marke. So schön oft die Standorte sind und Ambiente, Ausstattung sowie historisches Gemäuer gediegen, das Unternehmenskonzept setzt in erster Linie auf die Tagungs- und

Geschäftsklientel. Die Doppelspitze, die beiden Geschäftsführer Carsten Kritz und Mario Pick (Doppelspitzen funktionieren nur so gut wie hier, wenn persönlich die Chemie stimmt und man sich außerdem fachlich ergänzt), hat Deutschlands Messemetropolen im Visier. So eröffnete das fünfzehnte Haus in Frankfurt am Main.

Mir persönlich hat das zweite Standbein besonders gut gefallen: Wellness und Beauty. Schön, dass es das nicht nur in den extrem teuren internationalen Topgruppen gibt. Bei Welcome wird das Ausgleichsprogramm mit Fitness, Whirlpools, verschiedenen Saunen oder das Lagunenbad in Bad Arolsen im preiswerten Rahmen gepflegt. Überall gilt das Motto: Ankommen und sich sofort wohlfühlen. Schöne Ausblicke und angenehme Umgebung gibt es kostenlos. Perfekte Tagungs- und Konferenzrahmen sowie moderne Technik sind bei der Ausrichtung für mich eine Selbstverständlichkeit, aber sicher nicht, dass die Gäste manchmal auch in einem prächtigen Barockschloss (Bamberg) oder in einer fürstlichen Residenz (Bad Arolsen) konferieren können.

Interessant ist die Hotelkonstruktion, der nicht alltägliche Aufbau dieser ständig wachsenden Gruppe. Dazu ein kleiner Überblick, damit Sie Bescheid wissen: Von den großen Hotelgruppen der Welt, aber auch den bedeutenden in Deutschland haben die wenigsten eigene Hotels, sie agieren zumeist als Betreibergesellschaften mit Pacht- oder Managementverträgen. Wie bei der internationalen Ausnahme, den Londoner Orient-Express-Hotels, sind auch bei Welcome mehr als die Hälfte (acht) der Hotels ebenfalls in Eigenbesitz. Was mich neben der damit festgeschriebenen Standortgarantie besonders fasziniert: Investitionen setzen erst mal bei der Dienstleistung an und kommen direkt der Servicequalität zugute, um das Image als Business-Hotelgruppe zu stärken und Kundenzufriedenheit zu gewährleisten. In dieser Kategorie habe ich das vorher noch nicht erlebt.

# Meine Besten in New York

## DESIGN UND GENUSS IM MANDARIN ORIENTAL

New York verändert sich fortwährend. Das war schon in den Anfängen so, als die Holländer 1624 das damalige New Amsterdam gründeten. Zwei Jahre später kaufte der Gouverneur Peter Minuit den Indianern die Insel Manhattan ab. Dieser Handel war zugleich das erste Ganovenstück dieser einmaligen Stadt. Als nämlich die Holländer den Kaufpreis von sechzig Gulden in Eisen und Kurzwaren bezahlt hatten, stellte sich heraus, dass der Häuptling, der ihnen die Insel verschachert hatte, gar nicht der Besitzer war.

Der ständige Wechsel gilt auch für die Hotelsituation. Jetzt ist eine Hotellegende zurück. Das Pierre Hotel, das schon in den zwanziger Jahren eine Institution für die Stadt und eines der absolut besten Hotels war, erstrahlt nach umfassendem Renovierungsprogramm und nach der Behebung etlicher Serviceprobleme jetzt wieder unter der Regie des Deutschen Heiko Künstle in altem Glanz. Die Mission für die Taj-Hotel-Gruppe „Zurück in die Zukunft“ ist gelungen. Mit dem neuen Restaurant „Le Caprice at the Pierre“, eine Dependance des Londoner Spitzenrestaurants, knüpft das Hotel an seine große Zeit an.

Die absolute Nummer eins bei Wohnqualität und Gaumenfreuden aber ist nach wie vor für mich eindeutig das Mandarin Oriental Hotel mit einem Hauch von asiatischem Luxus. Das Domizil im Time-Warner-Gebäude am Columbus Circle hat seine Rezeption im 35. Stock, die Gästezimmer und Suiten bis hinauf in den 54. Das garantiert den schönen Blick über den Central Park und die Häuserschluchten von Manhattan. Wie so häufig in der Liga der Besten wird das wunderbar leise, ja sanfte Hotel von einem Deutschen geführt, von Rudy Tauscher, der sein Rüstzeug im Brenner's Park-Hotel in Baden-Baden bekam. Vor vier Jahren übernahm Tauscher das Mandarin Oriental mit dem elegantesten Spa der Stadt. Das Hotelrestaurant „Asiate“ kombiniert asiatische Elemente mit klassisch-französischen Gerichten. Kurz nach der Eröffnung fand ich die moderne Eleganz des Hotels zu kühl. Doch mit viel Blumenschmuck, Kerzenlicht und wertvollen Bildern hat Tauscher es verstanden, angenehme Wohnlichkeit in das Designer-Ambiente zu bringen. Hip and cool plus Herzlichkeit ergibt eine Mischung, die für Stammkunden sorgt. Ein Wort noch zum „MO Spa“: Ich finde den Wellnessgedanken heutzutage überstrapaziert. Doch die Massage „Oriental Harmony“ mit feinen Aromen möbelte mich nach dem Flug auf und zauberte den Jetlag weg.

Von den vielen Businesshotels der Stadt, die niemals schläft – Ritz-Carlton und Four Seasons sind da die Spitze –, habe ich auch das Hotel mit dem besten Preis-Leistungs-Verhältnis gefunden: „The Bentley“ in der 500 East 62nd/York Ave., nahe der Lexington. Viele Zimmer bieten großartige Blicke auf den East River. Das Hotel offeriert Doppelzimmer ab 85 Euro. Die 197 großzügig geschnittenen und funktionell eingerichteten Räume sind absolut sauber und beherbergen sehr viele junge, hippe Menschen. Natürlich gibt es noch billigere Hotels in New York, aber das Preis-Leistungs-Verhältnis ist in der Metropole absolut unerreicht.

# Londons breite Palette

## GEMÜTLICH UND GÜNSTIG, DER ST. JAMES'S CLUB

Ob Sie ganz persönlich es faszinierender finden, in einem Klassiker unter den Grandhotels zu schlafen oder in einem kuscheligen Clubhotel: Ich möchte Ihnen aus eigener Erfahrung die richtigen Tipps und Empfehlungen für die europäischen Metropolen geben und stelle Ihnen die Hotels vor, die Ihnen weit mehr bieten als nur ein Bett für die Nacht. Keine andere europäische Stadt ist mit Hotels der Spitzenkategorie so verwöhnt wie London. Allein neun (!) Häuser gehören zu den Leading Hotels of the World und gleich elf sind in der Gruppe der Designhotels organisiert.

Bei den Klassikern, den Londoner Hotellegenden, wähle ich das Claridge's, weil Konkurrent The Savoy nach der Übernahme durch Fairmont wegen Totalrestaurierung der 208 Zimmer und Suiten noch in der Einarbeitungspha-

se ist. Kosten der Frischzellen: rund einhundert Millionen Pfund. Aktuell also für Traditionalisten das Claridge's. Bei meinem letzten Besuch herrschte wieder einmal Schmuddelwetter (very British), kalt, schwere Regentropfen fielen vom Himmel, einfach widerlich. Der Portier eilte mit dem Schirm herbei: „Welcome home, Sir, isn't it a lovely day?" Dazu strahlt das ganze Gesicht über der schwarzen Fliege am Kragen. Im Claridge's hat eben auch ein Sauwetter ein Fünf-Sterne-Wetter zu sein. Alles andere würde das Haus beleidigen. Schließlich hat Königin Victoria hier – unter den Kristalllüstern der Säulenhalle – schon anno 1864 hochwohlgeborene Monarchen und Diplomaten begrüßt.

Zu den 135 Zimmern und 62 Suiten kamen zwei Penthäuser, eines sogar mit Dachgarten und Blick über London. Selbstverständlich steht immer ein Butler bereit, der die geputzten Schuhe in Seidenpapier zurückbringt, die schönsten Früchteteller arrangiert und stets Tee und Kaffee anbietet. Königlich untergebracht fühlt man sich auch in den Standard-Zimmern mit wohltuenden vierzig Quadratmetern, wohnlicher Sitzecke. Das Restaurant Gordon Ramsay serviert die klassische Küche Auguste Escoffiers, der als Savoy-Koch hier ein Gastspiel gab, und erlesene Weine.

Das empfehlenswerte Businesshotel ist Rocco Fortes Flaggschiff Browns Hotel in der Albemarle Street (Mayfair). Das hat zwei Gründe: Einmal ist die Lage mitten im Büro-und-Shopping-Distrikt perfekt, zum anderen sind die Arbeitsbedingungen in den Zimmern und im Businesscenter ideal. Abstriche verlangen die Bäder mit den Toiletten in der Nasszelle. Wer duschen will, muss gelenkig sein und den hohen Badewannenrand überwinden. Ansonsten sind die renovierten Zimmer stilvoll und gemütlich. Nur die Flure wirken so traurig trist und düster wie die Gänge in einem Kleinstadtrathaus.

Einen erstklassigen Service mit asiatischer Liebenswürdigkeit bietet das Mandarin Oriental, verbessert zeigt sich das Dorchester, das die Talfahrt bei der Gästepflege augenscheinlich gestoppt hat.

Bei meinen Empfehlungen für das beste Designhotel und die Kategorie bestes Preis-Leistungs-Verhältnis wähle ich ein und dasselbe Hotel: den exklusiven St. James's Club, der auch nicht billig ist, aber doch ein Drittel günstiger als die anderen aufgeführten Hotels (ab 215 Pfund). Nach der Komplettrenovierung wird das Haus unter deutscher Leitung verstärkt Ziel vieler Deutscher. Thomas Althoff, der in seiner Kollektion die meisten Michelin-Sterne aller Hotelgruppen vereinigt, hat das feine Haus in Mayfair, das erstmals 1892 als Gentlemen Club eröffnet wurde, zur Genussadresse gemacht. Ich war einer der ersten Gäste dieser Nobelherberge, die von der Berliner Innenarchitektin Anna-Maria Jagdfeld völlig neu gestaltet wurde. Zehn großzügige Suiten und fünfzig charmante Zimmer sorgen für ein recht übersichtliches Angebot. Durch die Kombination von modernen Elementen und wohnlicher Tradition gehört das liebenswerte Domizil zu den Designhotels, obwohl es, wie gesagt, nach wie vor britische klassische Elemente aufweist.

# Paris – elegant, aber mit Schatten

## DAS BRISTOL PROFITIERT VON FRANK MARRENBACH

Paris, das ist der verrückteste Branchenwiderspruch in sich. In keinem der fünf Kontinente gibt es eine Stadt, die so viele großartige Hotelbauten hat, so überwältigende Optik, wie die Seine-Metropole. Historische Fassaden, beeindruckende Säulenhallen, feine Salons, Prunk und Pracht der Grande Nation. Ja, und dann dümpelt der Service und manchmal auch die Zimmerqualität auf enttäuschendem Niveau. Insgesamt die wohl am schwierigsten einzuordnende Gesamtsituation in der Nobelklasse der Metropolen-Hotellerie weltweit.

Marmorglanz, in dem sich die große Vergangenheit spiegelt, und einzigartige Atmosphäre findet man in einer ganzen Reihe von Hotels, im Bristol beispielsweise, das Oetker in den siebziger Jahren gekauft hat und in der aktuellen Institutional-Investor-Rangliste 2009 für mich überraschend zur Nummer eins gekürt wurde, aber auch im George V. und im Plaza Athénée ist optischer Glamour angesagt.

In meiner Kategorie „Legende“ könnte man das weltberühmte Ritz an der Spitze erwarten. Es ist in der Tat ein stilvolles, elegantes Ambiente, es herrscht kultivierte Atmosphäre. Und doch kann ich das Edeldomizil am Place Vendôme nicht als Empfehlung aufführen, weil das arrogante Serviceteam vornehmer sein will als die Gäste. Für die Preisklasse ist der Service grottenschlecht und so haben sich viele Gäste für immer verabschiedet und sind in das Four Seasons Hotel George V. gewechselt, der wiedergeborenen Legende.

Der saudische Prinz Al Wallied hat in den Prachtbau nahe den Champs-Élysées 125 Millionen Euro investiert. Großzügige Zimmer mit modernem Komfort spiegeln Luxus. Das Four Seasons George V. ist für mich trotz der Arroganz des Personals eines der besten Stadthotels in Europa. Das Hotelrestaurant Le Cinq liegt mit drei Sternen im Genussolymp, allerdings auch preislich jenseits aller europäischen Speisemöglichkeiten. Für ein Menü müssen Sie 250 Euro pro Person kalkulieren. Der vorzügliche Küchenchef Eric Briffard kommt aus der harten Schule von Joël Robuchon, hat das Plaza Athénée vor Alain Ducasse zu einer der besten Adressen hoch gekocht. Vom prunkvollen Hoteleingang erreicht der Gast in exakt fünf Minuten das Goldene (Kre-

ditkarten-)Dreieck mit den Topboutiquen, einen Reigen der großen Namen.

Zwei Hotels rangeln um die Position des feinsten Businessdomizils: De Crillon am Place de la Concorde und das Plaza Athénée in der Avenue Montaigne. Das Crillon war lange Zeit meine persönliche Nummer eins, seit ich mit der feinsten Vereinigung der Drei-Sterne-Köche Tradition & Qualité vor vielen Jahren erstmals dort gewohnt habe. Zwar hat der Zahn der Zeit inzwischen an dem prächtigen Hotel genagt, aber die Atmosphäre ist nach wie vor etwas Besonderes. Die Suite 150 ist mit dem Salon Marie-Antoinette kombiniert und ist damit ideal für kultivierte Geschäftstreffen und Vorstandssitzungen.

Das langjährige Leading-Hotel Plaza Athénée in der Avenue Montaigne mit 188 Zimmern und 43 Suiten, das die Edelvereinigung verlassen hat, ist mit Renovierungsprogrammen immer wieder aufgefrischt worden. Das „Puppenstübchen" zwischen Champs-Elysées und Eiffelturm trägt zurzeit rot, die Farbe der Markisen und der Blumenpracht. Vergessen in der Liste der Hochklassigkeit darf man natürlich auch das erwähnte Bristol nicht, das letztendlich davon profitiert, dass der Deutsche Frank Marrenbach für die Oetker-Gruppe deutlich höhere Qualitätsstandards gesetzt hat. Das straffere Management greift inzwischen. Exklusiver Wohnkomfort ist freilich nicht alles, wenn ein Panoramabild der Hotellandschaft gemalt wird. Nahezu ebenso viele kleine Designhotels werden dem Paris-Besucher offeriert wie große, klassisch eingerichtete Wohnpaläste. Ein gutes Beispiel ist dafür das Hotel du Petit Moulin in der Rue du Poitou. Der Modeschöpfer Christian Lacroix hat es gestaltet. Cooler Schick, Pop-Art und typische Lacroix-Skizzen zieren die Räume. Die Stadt der Liebe lässt sich auch, wenn man nur sucht und vergleicht, günstig erleben.

# Berlin – die Vielfalt ist Spitze

## VON TRADITION BIS DESIGN-DOMIZIL HYATT

London, Paris, natürlich auch Berlin – das sind für mich die Metropolen der feinen europäischen Stadthotels. Wenn es um Spaß und die Gourmandise geht, sind dagegen kleine Orte die bestplatzierten: Baiersbronn und Bergisch Gladbach. Doch keine andere deutsche Stadt hat derart viele Fünf-Sterne-Hotels wie Berlin, das in dieser Kategorie sogar New York übertrifft.

Nach einigen anderen attraktiven Städten ist die deutsche Hauptstadt überfällig. Das Bewertungssystem sieht auch hier grob gefasst wie folgt aus: Jeweils das Domizil, das als die Legende gilt, dann das für mich beste Businesshotel, außerdem die herausragende Designer-Herberge und schließlich meine persönliche Empfehlung für ein besonders günstiges Preis-Leistungs-Verhältnis.

Das Adlon, das in seiner Ursprünglichkeit zu Kaisers Zeiten als das beste europäische Hotel galt und das mehr als ein Jahrzehnt nach der Wiedergeburt am selben Platz nahe dem Brandenburger Tor in den Branchenranglisten wieder eine Spitzenposition erdient hat, ist fraglos das bekannteste Hotel in Spree-Athen, die Legende schlechthin.

Ähnlich wie im ursprünglichen Hotel, das in den Nachkriegswirren ausbrannte, hat das Adlon heute 382 Zimmer und Suiten und mit dem Anbau ein unglaubliches Angebot von sechs interessanten Restaurants.

Auf Augenhöhe in der gleichen Leistungsklasse operieren das Ritz-Carlton mit Extras wie einem Computerbutler für alle Fälle als exzellentes Businesshotel sowie das Grand Hyatt am Potsdamer Platz als eigenwilliges Design-Domizil. Was die Genussabteilung angeht, wechselt bei mir zum Glück der Geschmack, da gehören die unterschiedlichen Sternerestaurants Lorenz Adlon, Debrosses im Ritz-Carlton und das legere Vox im Hyatt-Hotel zu meinen Favoriten. Das Ritz-Carlton, vom deutschen Interieur Designer Peter Silling eingerichtet, der heute in Hongkong lebt, gehört mit seiner klassischen Eleganz zu den typischen Häusern der amerikanischen Gruppe mit dem Löwenkopf im Wappen. Insgesamt 302 Gästezimmer und Suiten überzeugen mit großzügigem Platzangebot und allen erdenklichen technischen Extras. Neu ist die höchst gelegene Suite der Stadt (12. Stock).

Das Grand Hyatt am Marlene-Dietrich-Platz mit der minimalistisch eingerichteten Lobby, die der Hausherr Fred Hürst aber mit vielen Blumen und Details wohnlicher gemacht hat, überzeugt durch ein erstklassiges Zimmerangebot, den riesigen Wellnessbereich und den großzügigen Pool, von dem man einen Rundumblick auf die Stadt hat. 342 Zimmer und Suiten haben besonders gut gestaltete Badezimmer. („Ein Bad muss sexy sein.")

Meine persönliche Empfehlung für das Hotel mit einem besonders günstigen Preis-Leistungs-Verhältnis ist das Abion Hotel an der Spree. Der Blick auf den Fluss und die restaurierten Häuser am anderen Ufer ist ausgesprochen romantisch und die renovierten Zimmer auch ohne Fünf-Sterne-Luxus angenehm. Dabei beginnt die Preisliste bereits bei 69 Euro (wenn man Glück hat). Wer diesen Blick aus einer Suite haben möchte, hat die Gelegenheit in der maritim eingerichteten Villa am Wasser. Für das Unterhaltungsprogramm sorgt der mehrfache Barkeeper des Jahres Andreas Lanninger, der im Sommer seine Bar bis zum Wasser ausdehnt und in der kälteren Zeit für Stimmung in seiner von Violett dominierten Bar mit Restaurantbetrieb zuständig ist.

Um die Liste zu komplettieren sollen andere besondere Hotels wenigstens erwähnt werden: das Regent am Gendarmenmarkt, einst als Four Sesaons eröffnet, mit dem Zwei-Sterne-Koch

Christian Lohse im Gourmetrestaurant Fischer's Fritz. Das Hotel Palace, direkt am Europa Center, mit dem Sternerestaurant First Floor, in dem einst das Berliner Küchenwunder begann. Thies Sponholz hat das außergewöhnliche Rocco Forte Haus, Hotel de Rome, in die absolute Spitze dirigiert. Nur ein kurzer Abriss gewiss, aber denken Sie daran: Selbst Manhattan kann da nicht mithalten.

# Hotels in Moskau

## VON DER FEINEN „OLD LADY“ BALTSCHUG

Was Lebensqualität und Hotelkomfort angeht, ist Moskau für mich eine Insel in einem weiten Land. Und das mit einem gigantischen Hotelboom. Four Seasons, Capella, Mandarin Oriental und zwei weitere Kempinskis sind im Bau oder in der Vorbereitung. Ein Dutzend Hotels wurde in den letzten Jahren fertiggestellt, von Monat zu Monat immer teurer und so gut gebucht, wie es sich die Hoteliers in Berlin nur erträumen.

Mein letztes Quartier war im neunten Stock des Ritz-Carlton, Zimmer 907. Ein spektakuläres Hotel, von einem Deutschen gestaltet (Peter Silling) und lange von dem heutigen Adlon-Chef Oliver Eller geführt, der schon das Wolfsburger Haus der amerikanischen Gruppe dirigierte. Das Ritz-Carlton hat eine exzellente Lage, gerade mal eine Straßenunterführung vom Kreml und vom Roten Platz mit bunten Kirchen im Zuckerbäckerstil entfernt. Im Hotel gibt es eine Reihe von ungewöhnlichen Serviceleistungen, die ich sonst noch nicht erlebt habe. Ein Beispiel dafür ist das „Kopfkissenmenü". Der Gast kann aus einer Liste von neun Möglichkeiten wählen. So werden ihm unter anderem Fitness-, Latex-, Daunen- und Lavendel-Duftkissen offeriert. Den gerade eröffneten Spa-Bereich darf jeder Gast mit Straßenschuhen betreten. Am Eingang steht ein Hygieneautomat bereit, der jeden Fuß komplett mit Folie ummantelt.

Die Legende in Moskau ist fraglos das Baltschug Kempinski, dem der Kempinski Europa-Präsident Gianni van Daalen als großer Gastgeber seinen Stempel aufdrückte. Gleichzeitig leitete er von diesem Traditionshotel aus die weiteren Kempinski-Häuser in Russland und anderen osteuropäischen Ländern. Unglaublich die Geschichte der feinen „Old Lady".

Bereits 1552 hatte Iwan der Schreckliche am Standort des Hotels an der Brücke über den Moskwa-Fluss eine Schenke mit Gästequartier eröffnen lassen. 1898 entstand hier das Hotel Baltschug. Natürlich bekam es ständig Frischzellen und van Daalen plant gerade eine Totalrenovierung. Zurzeit überwiegen deutsche Elemente, so befindet sich gleich neben der Lobby das Berliner Café Kranzler und an der Rezeption wird auch Deutsch gesprochen. Für mich ein interessantes

Haus, das aber die angekündigte Renovierung dringend braucht.

Am Ararat-Park liegt das gleichnamige Park Hyatt mit 216 Zimmern und Suiten. Lobby und die Wohneinheiten sind ähnlich wie im Berliner Grand Hyatt modern, minimalistisch von der Dekoration, aber hoch komfortabel eingerichtet. Die Stärke des Designhotels ist wie bei allen internationalen Häusern der Hyatt-Gruppe der so genannte F&B-Bereich (Essen und Trinken).

Das Haus bietet in drei Restaurants japanische, europäische und armenische Küche an. Was mir besonders gefällt: In etlichen Zimmern sind die Fenster von der Decke bis zum Fußboden, so wird das Panorama zum reizvollsten Schmuck.

Ganz gleich, ob Ritz-Carlton, Baltschug Kempinski oder Park Hyatt – durch den speziellen Reichtum in der City (mehr Millionäre als in den USA) liegen die Zimmerpreise auch bei günstiger Online-Buchung über 500 Euro pro Nacht. Mit mehr Luxus galoppieren die Raten locker über die 1000-Euro-Grenze. Da hebt sich meine Empfehlung für das Günstigangebot deutlich ab: Das Krasuye Holmy Swissôtel ist für mich nicht unbedingt ein Fünf-Sterne-Hotel – es bezeichnet sich so, aber ich bewerte diese Sterne als selbstgebackene –, aber ausgesprochen preiswert. Die Zimmerraten beginnen bei 129 Euro. Das allein ist gewiss eine Empfehlung wert.

# Mailands farbige Hotelpalette

## EXKLUSIV ODER PREISGÜNSTIG – FÜR ALLES GESORGT

Zwei Hotels, die unterschiedlicher nicht sein können, sind die Spitzenprodukte des Hospitality-Business in der lebensfrohen Metropole Mailand: einmal das Four Seasons, das in einem umgebauten Kloster aus dem 15. Jahrhundert, verbunden mit einem hundertfünfzig Jahre alten restauriertem Palazzo, klassisch mit typischem Four-Seasons-Luxus eingerichtet ist und in meiner persönlichen Rangliste Platz zwei bekommt. Die absolute Spitze gehört einem sehr modernen Hotel, das aber bei aller Design-Orientierung eine äußerst warme Atmosphäre hat und mit viel „Wohlfühlaroma" überzeugt: das Bvlgari Hotel (ein zweites gibt es auf Bali). Nur achtundfünfzig Zimmer und Suiten, alle traumhaft kuschelig, aber geradlinig modern gestylt, sowie eine großartige Terrasse mit Park sind der Rahmen. Der exzellente Service, gesteuert von Attilio Marro, dem außergewöhnlich umsichtigen Hoteldirektor, ist die Seele. Das Bvlgari Hotel, das in der Verantwortung von Ritz-Carlton geführt wird, ist in Sichtweite des Mailänder Doms und der Arkaden, also nahe dem Zentrum und trotzdem völlig abgeschieden. Gewiss gehört das Bvlgari Hotel zu den teuersten Domizilen; für die Bvlgari Suite im obersten Stock werden für die 120 Quadratmeter besonders edel gestylten Räume 2500 Euro pro Nacht aufgerufen. Auch die ganz „normalen“ Zimmer sind großzügig geschnitten und ästhetisch eingerichtet. Die leichte italienische Küche ist darüber hinaus ein Genuss, vor allem die köstlichen Businessmenüs zur Mittagszeit sind Spitze.

Es gibt Städte, die als derart Design-geprägt gelten, dass dementsprechend viele Hotels bei der Ausstattung diese Richtung verfolgen. Das gilt vor allem für Mailand. Neben dem Bvlgari Hotel ist es auch das Park Hyatt, das aber von der gesamten Ausstattung her derart kühl ist, dass es dem Gast fröstelt. Etwas wohnlicher zeigt sich da das Enterprise Hotel im Gebäude einer alten Radiofabrik. „Avantgarde Superior“ nennt sich das Haus, das im Eingangsbereich einige undefinierbare, mit Sand gefüllte Ledersäcke als Design verkauft, aber ansonsten vor allem im lauschigen Innenhof gemütlich ist. Auch das Meliá Milano gehört in diese Kategorie. Dieses Hotel mit 288 Zimmern, dreizehn Salons und einem der größten Businesscenter im Land möchte ich als *das* Geschäftshotel herausheben, weil es prädestiniert für Tagungen und Kongresse ist. Bei meinem Besuch waren gerade die Marketing-Strategen aus allen Branchen zu einem internationalen Austausch zusammengekommen.

Als Legende zu gelten, dafür ist das Four Seasons im uralten Gemäuer als Hotel noch zu jung. Dieser Platz gehört dem Grand Hotel et de Milan in der Via Manzoni. Dieses Old-Fashion-Hotel liegt nur einen Spaziergang entfernt von der Scala, dem Dom und dem Finanzdistrikt. Gerade war die berühmte Falstaff Bar renoviert worden, großer Treffpunkt der Wirtschaftsbosse zur Mittagszeit. Übrigens ist der Grand-Hotel-Concierge tatsächlich in der Lage, Scala-Tickets zu besorgen, die sonst nur vererbt werden. Total ungewöhnlich ist das Grand Hotel in der Seven Stars Galleria, dieser wunderbaren, 1876 gebauten riesigen Glaskuppelgalerie. Hier kann man wirklich vom Herzen Mailands reden und auch in diesem Domizil, das zu den Leading Small Hotels gehört, bedeutet Service die Seele. In dieser eleganten Herberge mit der Traumlage für Shopper gibt es etliche professionelle Butler, die dem Gast den Tag erleichtern.

Schön und gut, aber alles viel zu teuer? Ich habe für Sie ein angenehmes Hotel entdeckt, das Domenichino in der gleichnamigen Straße für 54 Euro pro Nacht.

# Kapstadt

## BESUCHEN SIE DOCH MAL DIE VORNEHME „NELLY“

Für den Reiseboom nach der für die Wirtschaft und das Image des Landes so erfolgreichen Fußballweltmeisterschaft verrate ich Ihnen meine Hotelempfehlungen für Kapstadt, eine der schönsten Städte der Welt. Wahrlich nicht alle Magazinempfehlungen sind treffend und hilfreich. Sie können damit häufig auf die Nase fallen, weil Anspruchslosigkeit auf dem Vormarsch ist. Ein besonders spektakuläres Beispiel ist das Cape Grace Hotel. Es war zweimal weltweiter Jahresspitzenreiter beim größten Reisemagazin Condé Nast Traveler. Ich erlebte aber einen katastrophalen Service. Meine Empfehlung ist die Legende und gleichzeitig nach wie vor Kapstadts bestes Domizil: das Mount Nelson Hotel, „The Pink Lady“ genannt.

Auf das „Nelly“, wie man in Cape Town auch sagt, wird der Gast bereits durch eine überaus würdige und majestätische Auffahrt eingestimmt. Das Wahrzeichen des Hauses, der „Prince of Wales Archway" mit seinen 57 riesigen Palmen, wie schlanke Säulen, die den Himmel tragen, war 1924 zum Besuch des englischen Prinzen angelegt worden. Nicht nur Anfahrt und Park, auch die 57 Suiten und 144 Zimmer, teilweise mit Blick auf den wuchtigen Sandsteinblock mit flachem Dach, den Tafelberg, bestechen durch Charme. Die Zimmer sind gemütlich (konservativ eingerichtet), perfekte Bäder mit separater Dusche und Toiletten von der Nasszelle getrennt. Die Zeit für den abendlichen Turndown Service wird stets nachgefragt, das Frühstücksbüfett von mehreren Köchen nachgelegt und beste Tischkultur zelebriert das Team im Gourmettreff des Hauses, Cape Colony. Das Mount Nelson gehört zur Orient-Express-Gruppe.

Das von der Ausstattung „jüngere", designorientierte Table Bay Hotel ist in meiner persönlichen Wertung die Nummer zwei in Kapstadt. Nur für Conventions und Tagungen würde ich das riesige Westin vorziehen, das zum Starwood-Konzern gehört. In der Summe aller Details rangiert das neue One&Only, ebenfalls am Wasser gelegen, gleichauf mit dem Table Bay Hotel, das sich förmlich an die historische Waterfront anschmiegt, diese weltberühmte Bucht. Die moderne Architektur des Hauses hat leider keine Balkone vorgesehen, die ich in derartiger Lage einfach erwarte. Der schöne Blick über das Element Wasser und auf eine der schönsten Städte der Welt ist freilich auch so programmiert. Das Leading Hotel of the World offeriert 311 Gästezimmer und achtzehn sehr frisch gestaltete Suiten, großzügig, modern, luftig. Überzeugt hat mich ebenfalls das Atlantic Restaurant (das bereits etliche Awards eingefahren hat) für ein elegantes Dinner. Musik ist Trumpf im Table Bay Hotel. In der Lounge wird zum Tee Klassik zelebriert und in der Bar spielt jede Nacht ein Pianist. Für den privaten Dining-Bereich mit Platz für 220 Gästen sind stets Live-Bands engagiert.

Preislich günstige Übernachtungsmöglichkeiten sehen freilich anders aus als die luxusorientierten Spitzenhotels von Cap Town, zu denen ich auch das 12 Apostles Hotels & Spa und das Dock House Boutique Hotel zähle. Ganz fraglos kommt aber auch der Gast zurecht, der sparsam und budgetorientiert ist, jedoch nicht in einem primitiven Hostel wohnen möchte. Die Palette der Drei- und Vier-Sterne-Hotels ist durchaus ordentlich. Meine Empfehlung in der Kategorie bis 80 Euro die Nacht ist das Cape Town Lodge Hotel. Auch dieses preiswerte Haus liegt nur wenige Minuten von der Victoria & Alfred Waterfront entfernt und beeindruckt mit seinem Panoramablick über Kapstadt und die Berge. Wer hier bucht mit deutlich günstigeren Zimmerraten (ab 77 Euro), muss auf Annehmlichkeiten nicht verzichten. Die „Lodge“ hat einen Swimmingpool (auf dem Dach), ein Fitnessstudio und – was ich besonders erwähnenswert finde – einen gut funktionierenden Concierge-Service rund um die Uhr. Unter den 119 Zimmern gibt es keine versteckten „Ärgernisräume“, in die so genannte Billigtouristen eingebucht werden. Das Frühstücksbüfett ist reichhaltig und sowohl mit europäischen als auch mit afrikanischen Köstlichkeiten wie geräuchertem Springbockrücken bestückt.

# Buenos Aires

## ÜBERALL TANGO UND VIEL WOHNKOMFORT

Marcel Proust mag ja Recht haben, wenn er glaubt, dass das einzig wahre Paradies das verlorene sei. Doch wer nach endlos langem Flug Buenos Aires erreicht, im Alvear Palace Hotel mit einem Fruchtdrink begrüßt, sein palastähnliches Zimmer bezogen, auf kühlem ägyptischen Linnen ein wenig geruht hat und anschließend im Spa verwöhnt wird, hält zumindest einen Zipfel vom Paradies auf Erden in der Hand. Alvear Palace, das ist auch für einen, der weltweit in Hotels zu Hause ist, ein in jeder Beziehung außergewöhnliches Domizil. Es ist Südamerikas Hotellegende und die Topadresse der argentinischen Metropole in einem. 1923 wurde das „Wohnschloss" im Herzen des feinen Zentrums Recoleta eingeweiht. Gewiss ist das Haus von der Grundausrichtung sehr konservativ gestaltet, doch Spa oder auch die neue Art Déco Cigar Bar (wo es die ungewöhnliche Schokolade mit Curry und Kardamom zum Probieren gibt), ebenso die Bäder mit Jacuzzi-Wannen setzen da einen unübersehbaren Kontrapunkt.

Das Hotel mit zweihundert Zimmern und Suiten ist gleichzeitig ein Hort der Gourmandise. Drei Restaurants und ein eleganter Teeraum schaffen den Rahmen. Es gibt kaum etwas zu kritisieren, sieht man einmal von den Preisen ab, die deutlich über dem in Argentinien Üblichen liegen. Dafür ist die Kombination feinstes europäisches Grandhotel-Ambiente mit herzlichem Service (auf Wunsch Butler) unschlagbar.

Viele Metropolen sind im Grunde genommen riesige Vororte auf der Suche nach einer Weltstadt, Buenos Aires dagegen ist eine eindrucksvolle, pulsierende City. Und das Park Hyatt in dem perfekt renovierten Duhau-Palast, kombiniert mit einem neuen, modern gestalteten Flügel, ist eine perfekte Visitenkarte der Stadt im Tangorhythmus, Tradition und zeitgemäße Frische. Ebenfalls an der berühmten Avenida Alvear gelegen, begeisterte mich vom ersten Augenblick an dieser Cocktail aus klassischen spanischen Grandezza-Elementen und nüchternen, aber wohnlich-warmen Details. Das ist der Unterschied zum ebenfalls angenehmen und prunkvollen Four Seasons, das aber, wie alle Hotels der kanadischen Gruppe, ohne Stadttypisches, sondern nur mit Toronto-Barock (Branchenspruch) designet ist.

Das „einfachste“ Park-Hyatt-Zimmer (Park King) hat enorme vierzig Quadratmeter, ein riesiges King-Bett, Marmorbad mit bratpfannengroßer Regendusche und einen herrlichen Blick aus dem Fenster auf die Stadt. Sieben weitere Kategorien bis zur Duhau- Suite (mit Tanzsaalmaßen) werden offeriert.

Mir gefiel besonders der Fitness- und Spa-Bereich mit einem fünfundzwanzig Meter großen Innenpool. Drei Restaurants und eine stilvolle Weinbar verwöhnen den Gast, überall untermalt von (zum Glück) nicht zu lauten Tangoklängen.

Die Hotelpalette von Buenos Aires ist komplett, sowohl von der Zielgruppenbestimmung (so mit dem „Axel Hotel“, eines der größten Schwulen-Hotels Südamerikas) als auch in allen Preisbereichen. Ich habe für die Kategorie „besonders gutes Preis-Leistungs-Verhältnis“ nicht die größeren, aber gewiss ebenfalls preisgünstigen Domizile – „Goya“ oder „Alcazar“ (mit dem bekannten Café Tortoni) – ausgewählt, sondern das persönlichste kleine Hotel zu Übernachtungspreisen ab sagenhaften 50 Euro für das Einzel- und ab 65 Euro für das Doppelzimmer mit Frühstück für zwei: das „Casa Sol y Sombra“ im Quartier Almagro, zwischen der Rocamora- und der Estado-de-Israel-Straße gelegen.

Das wunderschöne Gästehaus im traditionell argentinischen „Casa-Chorizo-Stil“ aus den zwanziger Jahren mit hohen Räumen und

Ruhe vermittelnden Innenhöfen wird von der Schweizerin Erika Bachmann geführt, die ihre Gäste gleich in fünf Sprachen in die Geheimnisse von Buenos Aires einweiht. Sie lebt seit zwei Jahrzehnten hier und fühlt sich ein wenig als Botschafterin. Übrigens werden Gäste vom Flughafen abgeholt und bis zur Abreise nicht nur in der Werbung sehr individuell betreut. Natürlich fehlen die Annehmlichkeiten der Luxushotels, doch die erwartet in der Casa wohl auch keiner, alles ist überschaubar, einfach, sauber, und, wie gesagt, äußerst preiswert.

# Hotel Copacabana Palace

## IMMER NOCH DIE NUMMER EINS IN RIO DE JANAIRO

Der Zuckerguss aus Samba, Sonne, Sand und weiblicher Schönheit an der Copacabana überdeckte lange Jahre alle Hotelschwächen von Rio. Wer störte sich in der Stadt des Körperkults schon an Servicefehler und Essensmängeln in den Hotels und Restaurants. Darüber hinaus galt in den achtziger Jahren für Brasiliens Hotels, was weltweit Gültigkeit hatte: Wer kräftig zahlte, durfte sein Haus zu den Leading Hotels of the World zählen, ganz egal, ob dafür die Klasse ausreichte oder nicht. Heute ist die Zugehörigkeit zum weltweiten Edel-Zusammenschluss für Rios absolute Nummer eins, das Copacabana Palace, ein Ritterschlag. Die inzwischen sorgfältigen Tests der Kooperation müssen erst einmal bestanden werden. Das gelang dem blütenweißen Hotelpalast wenige Meter vom Puderstrand entfernt. Das von Grund auf renovierte „Copa“, das zu den

Orient-Express-Hotels gehört, ist inzwischen selbst eine Attraktion in der aufregenden Metropole Brasiliens. 226 Zimmer und Suiten, 78 davon im Tower Wing untergebracht, haben zumeist einen herrlichen Blick auf die Copacabana Avenue und das Meer. Paradestück ist die Penthouse Suite im sechsten Stock, mit Kunstwerken und Antiquitäten ausstaffiert. Der Service ist nach meinen Vorstellungen von einem Grandhotel immer noch lässig, erfolgt zumeist im Sambaschritt mit Singen und Pfeifen, aber was soll's, man ist schließlich in Rio. Mich störte nicht einmal, dass zwei Kellner in ihrem Übermut mit vollbeladenen Tabletts im olympiagroßen Pool landeten.

Das allerbeste Designhotel ist zugleich auch das angesagteste Businessdomizil hier in der Metropole der Strände: Hotel Fasano, das im Herzen von Ipanema liegt. Zu Recht denken Sie sofort an die „Girls von Ipanema". Die verschönern tatsächlich täglich im Hotel unmittelbar am prächtig breiten Strand die Kulisse. Sobald die Sonne sich anschickt, hinter dem Küstengebirge zu verschwinden, zieht es die Bürger der Zuckerhut-Metropole, die Cariocas, ans Meer. Manch einer kauft noch schnell eine Badehose im Hotel-Shop, andere besorgen sich eine frische grüne Kokosnuss mit Strohhalm, setzen sich in den Sand oder an den Pool des recht jugendlich frechen Hotels Fasano, saugen den kühlen Saft der Nuss und betrachten den sinkenden Feuerball. Das schöne und künstlerisch wertvolle Domizil wurde von Philippe Starck gestaltet. Geschickt wurden originale Kunstelemente aus den fünfziger Jahren eingebettet. Das große Businesszentrum und die Konferenzräume schienen mir beim ersten Besuch fehl am Platz, werden aber vor allem früh am Morgen genutzt. Das Designhotel ist halt auch Konferenz- und Geschäftshotel. Mein liebstes Restaurant in Strandnähe, Rogerio Fasano's im Hotel, wird nicht nur von Hausgästen gestürmt. Reservierungen sind zwingend. Das kleine Boutiquehotel mit achtzig Zimmern und zehn Suiten ist insgesamt gut geführt und gehört zu den Leading Small Hotels. Von Ipanema geht es zurück zur Copacabana. Wenn ich Ihnen ein Hotel mit

ausgesprochen günstigem Preis-Leistungs-Verhältnis empfehlen möchte, dann muss das nicht irgendwo abseits liegen. Das Hotel Atlantico Copacabana mit Übernachtungspreisen ab neunundvierzig Euro pro Person erfreut sich der privilegierten Lage unmittelbar am Strand und in der Nähe des Zuckerhuts. Das erst 2007 komplett aufgefrischte Haus offeriert 146 wohnliche und funktionelle, dabei recht großzügige Zimmer. Es ist schon faszinierend, wie derart günstige Domizile auch mit Swimmingpool, Außenanlage und komplettem Fitnessbereich aufwarten können. Die Mahlzeiten werden als Themenbüfetts angeboten, in einem kleinen Restaurant können die Gäste aber ebenso brasilianische Spezialitäten à la carte und als Menü genießen.

# Hamburgs beste Quartiere

## EIN BETT HOCH ÜBER DER ELBE

Nicht einmal ein trennendes Wölkchen schwebte zwischen meinem Kopfkissen auf der achtzehnten Hoteletage und den Lotterbetten der Lustquartiere auf der Reeperbahn und den Nebensträßchen. Und von meinem hinteren Hotelfenster aus, dort, wo die moderne Sitzecke in meinem Quartier platziert ist, habe ich einen grandiosen Ausblick auf das, was Hamburg so einzigartig macht, auf Hafen, Werft und das Gipfeltreffen der Traumschiffe.

Ich wohnte ausnahmsweise nicht im besten Hotel der Stadt, dem Vier Jahreszeiten der Fairmont-Gruppe, sondern im Empire Riverside Hotel im Herzen von St. Pauli: klare Linien, minimalistische Ausstattung im bronzeummantelten Hotelturm, bodentiefe Panoramafenster als schönste nur denkbare Dekoration und eine ungewöhnliche Bar im zwanzigsten Stock, mehr als neunzig Meter hoch über der Waterkant. Was mir besonders angenehm auffällt, ist der persönliche, gut geschulte Service, den ich so nicht erwarten konnte, als RTL einlud, um mich beim so genannten Programm-Screening als „Hotel-Inspektor" für die Herbstserie vorzustellen.

Im Bereich der Nobelklasse hat sich in der feinen Hansestadt nichts, aber rein gar nichts getan. Immer noch klar die Nummer eins ist heute wie gestern das Fairmont Vier Jahreszeiten, in dem der sportliche Direktor Ingo Peters für Wohlfühlaroma sorgt und auch angesichts mehrfach gewechselter Gruppennamen Kontinuität garantiert. Luxus wird bei Peters nicht durch Prunk und Protz präsentiert, sondern durch eine Vielzahl von gästefreundlichen Details. Auf Platz zwei rangiert für mich und alle, die kein Problem damit haben, zwanzig Fahrminuten von Nienstedten in die City zu akzeptieren, das Louis C. Jacob mit ausgewählten Antiquitäten und Ferngläsern in den Zimmern und Suiten, ganz nah an der Attraktion der vorbeiziehenden Schiffe auf der Elbe. Designfans können in der Spitze lustvoll zwischen dem Park Hyatt, in einer der großen Einkaufsstraßen gelegen, und Theo Gerlachs Side mit dem dominanten Design von Matteo Thun auswählen. Und auf dem Süllberg (Blankenese) bei Sternekoch Karlheinz Hauser wird am köstlichsten aufgetischt. Sein Gourmetrestaurant Seven Seas ist für mich eines der besten im Großraum Hamburg. So weit so gut. Bei meiner Rundreise habe ich aber ebenso festgestellt, dass auch die alten Schwächen der Hamburger Hotellerie unverändert dieselben geblieben sind.

Das Atlantic (Kempinski) beispielsweise kränkelt nach wie vor am unübersehbaren Renovierungsstau, obwohl zumindest an der Fassade gewerkelt wird. Das „Weiße Schloss an der Alster“ braucht aber noch eine Menge Frischzellen. Das Royal Meridien nervt mit seiner wechselhaften Küchenleistung. Alten Muff will, laut Lippenbekenntnis, das Steigenberger an der Heiligengeistbrücke demnächst austreiben. Eine Renovierung wurde zumindest angekündigt.

Im Aufwärtstrend ist die Situation des etwas einfacheren, aber ebenso ambitionierten Vier-Sterne-Bereichs. Und da schließt sich der Kreis, da bin ich wieder bei meinem ersten Besuch im Empire Riverside Hotel, das eine ebenso erkennbare Bereicherung in diesem Marktsegment der Hotellerie bedeutet wie es das Sofitel Alter Markt bei der Eröffnung war und ist. Was ich im „Empire“ als besonders witzig empfand, war eine Flasche Rotwein als Begrüßungstrunk, Marke Sankt Pauli, exakt wie der Stadtteil als Standort, allerdings nur geschickt ausgewählt, weil es sich um eine spanische Lage handelt, die so heißt.

Wie in jeder Metropole gibt es auch in Hamburg Hotels, die sich allein über den Preis definieren. Unter 50 Euro die Nacht bleibt beispielsweise das Hotel Eleazar Novum-City-Center und auch das nur wenig teurere, aber klar bessere Lindner Hotel am Michel, das vor kurzem eröffnet wurde, belastet das Reisebudget wenig. Da bleibt mehr Reserve fürs Nachtleben. Also auf geht's, Hummel Hummel …

# Münchens Hotellerie leuchtet

## DAS KUSCHELIGSTE BUSINESSHOTEL IST DAS MANDARIN ORIENTAL

Es gibt nicht viele Städte im Lande, die eine breite und attraktive Hotelpalette präsentieren können. Berlin, Hamburg und Köln haben wir vorgestellt, München komplettiert das vierblättrige deutsche Kleeblatt. Über die Kategorie „Hotel-Legende" muss man hier nicht lange nachdenken. Da steht das ehemals königlich-bayerische Gästehaus klar im Vordergrund. Ich spreche vom Vier Jahreszeiten Kempinski an einem der elegantesten Boulevards der Welt, der Maximilianstraße, gelegen. Das Leading Hotel of the Word, bereits 1858 erbaut, ist durch permanente Frischzellenkuren, sprich Renovierung und Ausbauarbeiten, eine aktuelle Empfehlung.

Wo Prinzen und Prinzessinnen, Könige und Präsidenten, all die hochherrschaftlichen Gäste des bayerischen Königshauses und später die Schönen und Reichen ihre Häupter betteten, habe ich in letzter Zeit gut geschlafen, in edler Wäsche, zarten Daunen, in stilvoll renovierten Zimmern und Suiten. Das ist erwähnenswert, weil ich das „Vier Jahreszeiten" jahrelang gemieden hatte, als es unter schlechter Führung auf Talfahrt war. Erst vor einigen Jahren mit Stephan Interthal durfte ich bei meinem Aufenthalt die Renaissance des Kempinski-Hotels in München erleben. Ein Vorgang im Eiltempo.

Eines der vielleicht kuscheligste Businesshotels der Nation ist das Mandarin Oriental, nur zwei Gehminuten vom Marienplatz entfernt. Einst hat Georg Rafael sein Traumhotel in dem repräsentativen Neorenaissance-Gebäude eingerichtet. Die Marmorbäder mit Fußbodenheizung und großzügigen Walk-in-Duschen sind mit das Beste, was es in der Hotellerie gibt. Die Dachterrasse mit Pool bietet einen grandiosen Blick über die Dächer, Türme, Attraktionen der weiß-blauen Paradestadt. Bei nur 73 Zimmern und Suiten ist der Direktor jedermanns persönlicher Gastgeber. Was die Zahl und die Qualität der Businesshotels angeht, ist Deutschlands heimliche Hauptstadt kaum zu übertreffen. Der Bayerische Hof, seit Generationen in Familienbesitz der Volkhardts, liegt ideal am Promenadenplatz und ist ganz fraglos die Veranstaltungshochburg der Metropole. Der Königshof am Stachus zählt seit eh und je zu den besten Gourmethotels im Lande, ebenso das Westin Grand im Arabellapark. Und dann drängt The Charles, Rocco Fortes vielleicht bestes Hotel in Deutschland, ins glamouröse Bild. Fortes drittes Haus im Lande am Alten Botanischen Garten wurde besonders luxuriös ausgestattet und überzeugt mit ausgesprochen angenehmer Atmosphäre. The Charles spannt den Bogen vom Businesshotel hin zum absoluten attraktivsten Designerdomizil. Design bedeutet nicht in jedem Fall supermoderne Ausführungen, verrückte Idee, futuristische Linien, sondern kann auch klassische Elemente in der Innenarchitektur mit gelungener Funktionalität zu einer angenehmen Einheit verbinden. Für mich gelang die glückliche Verbindung hier ideal. Das Gegenstück dazu liefert die Bayerpost (Sofitel), das Hotels, das sich selbst als „avantgardistisches Designzentrum" sieht; mir ist Gestaltung und Einrichtung allerdings zu bunt und zu wirr, der Blick vom Bett auf die Badewanne unerwünscht.

Ein Gedanke noch zur Leitung des „Charles". Nach anfänglichen Startmühen wird das jugendliche, dabei stilvolle Haus von Frank Heller brillant geführt. Er sorgt für Wohlfühlaroma pur und wirtschaftet ebenso erfolgreich.

Im Bereich Preis-Leistungs-Verhältnis macht Seibel's Park-Hotel (in Pasing) deutlich, das die Stadt nicht nur über weiß-blauen Wolken im Hochpreisbereich schwebt, sondern auch Hotelzimmer ab 69 Euro bietet. Dafür findet der Gast auch noch ein harmonisches Ambiente im Landhausstil und ein gepflegtes italienisches Restaurant im Haus. Vom Preis her ist das wohl kaum zu schlagen. Für das Gleichgewicht der Kräfte zwischen Luxus und günstig sei auch noch das Vier-Sterne-Hotel Renaissance aufgeführt, das verkehrsgünstig in Schwabing liegt und dessen Preisliste ebenfalls unterhalb der 100-Euro-Grenze beginnt.

Da auch das Münchner Hinterland „hoteltechnisch“ betrachtet gut bestückt ist, kommt in Bayerns Metropolenregion jeder auf seine Kosten. Ich zumindest habe mich immer wohlgefühlt.

# Traumhotels in Dubai

## JEDE WOCHE EIN NEUER SUPERLATIV

In Dubai trachtet man ständig nach Superlativen: der höchste Turm, das größte Shoppingcenter, das spektakulärste Hotel. Vor allem das Hospitality-Geschäft, die Pflege des zahlenden Gastes wird mit größter Sorgfalt zelebriert, seitdem der Ölhahn nur noch tropft und die finanzielle Situation angespannt ist. Im Hotelbereich ist man Erstklassigkeit gewohnt, dort sind ständig weitere Steigerungen realisiert worden. The Address ist die Gruppe, die für Lifestyle, Komfort und Gourmetfreuden neue Akzente setzt. Das beste Hotel ist für mich freilich das Madinat Al Qasr, das zur Jumeirah-Gruppe gehört. Es steht am langen Strand, der, vom Jumeirah Beach Hotel ausgehend, sich über mehrere Kilometer zieht. Der luxuriöse Palast ist das Spitzenprodukt des großzügigen Ferienkomplexes mit drei ineinander geschachtelten Hotels. 260 Zimmer und

32 Suiten mit Meerblick liegen hinter Wasserstraßen mit arabischen Wassertaxis, den so genannten Abras. Für Dubai eine Besonderheit: Das Hotel hat eine exklusive Clubetage.

Von einer Hotellegende, wie es in der Abfolge meiner Hotelübersichten in den Metropolen angesagt ist, kann man im jungen Zentrum der Emirate kaum reden, wenn doch, dann ist der Burj al Arab, der im letzten Jahr sein zehnjähriges Jubiläum feierte, die einzig denkbare Wahl. Das Luxusdomizil, das sich in Form eines Segels zum Wahrzeichen am Arabischen Golf entwickelt hat, ist nach anfänglichen Schwächen und gewaltigen Serviceproblemen jetzt der Maßstab aller Dinge. Die 202 Suiten (bis zu 335 Quadratmeter) mit Panoramablick über den Arabischen Golf sind wohl einmalig komfortabel ausgestattet. Was mir besonders gefiel: Im Restaurant Al Muntaha, zweihundert Meter über dem Meer, habe ich ganz aktuell vorzüglich gespeist. Bei meinem ersten Besuch nach der Eröffnung war die Küche noch grausam.

Das beste Businesshotel von der Lage, Ausstattung und den arbeitstechnischen Möglichkeiten ist ganz ohne Zweifel das The Address Downtown, direkt am höchsten Tower der Welt, Flaggschiff der Marke, die in der kurzen Zeit des Bestehens bereits ihr fünftes Hotel eröffnet hat. Vor dem Hotel werden die größten Wasserspiele (über fünfzig Meter hohe Fontänen) geboten.

Noch ein Superlativ. Mit seiner einzigartigen Architektur und 63 Stockwerken ist The Address schlicht spektakulär. Strategisch ist das Hotel so platziert, dass Businesscentren und Attraktionen in kurzer Zeit erreicht werden. Zur Dubai Mall, mit 1500 Geschäften das größte Shoppingcenter der Welt, gibt es einen direkten Zugang. Das aufregendste Designhotel ist das erste Armani-Domizil, vom Modeschöpfer selbst gestaltet. Eingerichtet ist es in dem vom Burj Dubai in Burj Khalifa umbenannten Tower. (Lesen Sie dazu Seite 12.) Nicht unerwähnt bleiben dürfen weitere Hotels, die Business-Voraussetzungen mit viel Lebensart kombinieren, wie das One&Only Royal Mirage, das Ritz-Carlton, Raffles oder Park Hyatt.

Preiswert ist Dubai nur für stählerne hitzebeständige Gäste, die sich das Emirat im Hochsommer zumuten. Wirklich billige Hotels gibt es in der idealen Reisezeit wenige, die man akzeptieren kann. Eines davon ist das Admiral Plaza Hotel mitten in der City, das man ab 60 Euro pro Nacht buchen kann. Ganz fraglos ist die günstigste Art, die unglaubliche Stadt mit den neuen Inseln aus der Retorte zu erleben, eine Fahrt mit der Aida und dem Schiff als Domizil vor der Küste. Für weniger Geld als Sie in den Spitzenhotels für eine einzige Übernachtung zahlen, nämlich deutlich unter 1000 Euro, können Sie mit dem Schiff eine Woche mit Vollpension und Tischwein die Stadt und die anderen Emirate erleben.

# Feines Logieren in der Stadt der Gondeln

## DAS HOTEL CIPRIANI IST UNANGEFOCHTEN DIE NUMMER EINS IN VENEDIG

Manche Geschäftstermine im Großraum Venedig sollen nur geführt werden, damit die Teilnehmer die Chance haben, auf Firmenkosten einmal im Cipriani & Palazzo Vendramin wohnen zu dürfen. Der Reiz des Flaggschiffs der Londoner Top-Gruppe Orient-Express-Hotels mit einer unnachahmlichen Mischung aus heiterer Gelassenheit und norditalienischem Charme ist in der Tat außergewöhnlich. Allen Gästen vermittelt das Cipriani das Gefühl einer besonderen Lebensform durch das Flair von dezentem Luxus und den hervorragenden, individuellen Service. So führt dieses Hotel, das zu den besten der Welt gehört, bei mir gleich beide Kategorien „Legende" und „bestes Businesshotel" an. Der Palazzo Vendramin (Palast aus dem 15. Jahrhundert) bietet zusätzlich zehn Luxussuiten mit Butlerservice und Blick auf den Markusplatz, den man vom

Hotel aus per Motorboot innerhalb von vier Minuten erreicht. Obwohl das Hauptgebäude (insgesamt 104 Zimmer und Suiten) mit seinen rosafarbenen Stuckwänden und dem mit roten Ziegeln gedeckten Dach eher wie ein privater Gutssitz aussieht, wird in dem alten Gemäuer der Hotelbetrieb ständig verbessert und erweitert.

Das Konzept hatten der verstorbene Lord Iveagh, Besitzer der Guiness-Brauereien, und Guiseppe Cipriani von Harry's Bar in den frühen fünfziger Jahren erdacht. Es sollte nach seinen Vorstellungen das beste venezianische Essen und liebenswerte Gastlichkeit anbieten. 1958 wurde das Wunschbild eröffnet. Allein die Anfahrt ist ein Erlebnis. Das Hotel setzt ein eigenes Motorboot ein, das die Gäste in wenigen Minuten vom Markusplatz über die Lagune zum hoteleigenen Bootsanlegesteg des Cipriani befördert. Die Küche wurde seit den Tagen von Giuseppe Cipriani ständig verfeinert, die Antipasti, die Fischgerichte, Risotto, Pasta und vorzügliche Desserts. Zur Komplettierung des Angebots wurden nach langen Jahren endlich ein Fitnessbereich eingerichtet, eine Ergänzung zum beheizten Swimmingpool mit Rekordmaßen: sechshundert Quadratmeter Meerwasser. Aus Versehen hatte ihn das Bauunternehmen dreimal so groß wie geplant ausgeführt. Fuß war mit Meter verwechselt worden.

Es gibt sie tatsächlich, diese nur schwer zu beschreibenden Augenblicke, diese Momente, in denen man vor Begeisterung und Freude einfach abheben möchte. Ein Besuch im Palazzina Grassi Hotel & Residence, das mit seinen 32 Zimmern und Suiten modernstes Design im alten Gemäuer aus dem 15. Jahrhundert verbindet, gehört gewiss dazu. Der optimale Standort, San Marco am Canale Grande, macht den Palast, der 1850 mit einem Badehaus erweitert wurde, zum idealen Ausgangspunkt für Gäste, die die Schönheit der

Lagunenstadt zu Wasser und auf Landwegen entdecken möchten. Das Palazzina mit der großen Geschichte und das zur Vereinigung der Designhotels (mit Sitz in Berlin) gehört, ist alles andere als ein Museum oder Besuchertempel. Das Management hat es geschafft, die etwas kühle Schönheit mit Wärme zu versehen, mit einem Service vom Begrüßungsespresso bis zum herzlichen Abschied. Ein besonderer Ort, eine außergewöhnliche Nacht zu erleben und Tage voller Genuss und Historie. Probieren Sie es. Die Preisliste beginnt bei erschwinglichen 190 Euro.

Da wären wir beim Thema Geld. Gewiss überwiegen die teuren Grandhotels wie das Bauer, Il Palazzo, das Luna Hotel Baglioni oder das San Clemente Palace, aber in der Stadt der Gondeln gibt es auch kultivierte preiswerte Domizile. Besonders überzeugt vom Preis-Leistungs-Verhältnis bin ich vom 1960 erbauten Stadthotel mit dem deutschen Namen Rigel in der Via Enrico Dandolo auf der Insel Lido di Venezia. Die Übernachtungspreise in den 42 Zimmern auf drei Etagen liegen bei 70 Euro. Dabei muss sich keiner das Frühstück aus dem Automaten ziehen, sondern der Service ist italienisch lässig, aber jovial freundlich; das Personal agiert rund um die Uhr, stellt den Gast, der nicht extrem viel zahlt, dennoch in den Mittelpunkt. Die Zimmer sind nicht aufregend, aber mit Baldachin über dem Bett romantisch eingerichtet.

# Vita Heinz Horrmann

Heinz Horrmann, 1943 im Zeichen des Wassermanns im Rheinland geboren, arbeitet nach Abitur und Volontariat seit fünfunddreißig Jahren als Journalist und Buchautor. Dreißig Reise-, Hotel- und Genussbücher von ihm wurden bisher veröffentlicht, unter anderen der Bestseller „Inselparadiese". Fünfundzwanzig Jahre war er bei den überregionalen Zeitungen „DIE WELT" und „WELT am SONNTAG", später auch bei der „Berliner Morgenpost" als Geschäftsführender Redakteur verantwortlich. Heute ist er den Blättern der Axel Springer AG wie den Magazinen des Klocke Verlags als Autor und Kolumnist verbunden.
Seine Reportagen wurden mehrfach ausgezeichnet (Reportagepreis der Stadt Detroit, Autorenpreis der Christophorus-Stiftung). Im April 2001 wurde Horrmann als erster (und bisher einziger) Journalist mit dem begehrten Five Star Diamond Award der American Academy of Hospitality Sciences als „Bester Hotelautor" geehrt. Für seine „Verdienste um die deutsche Hotellerie und Gastronomie" (so die Begründung) bekam er im selben Jahr das Bundesverdienstkreuz am Bande. Im November 2005 verliehen ihm die Brillat-Savarin-Stiftung und die Gastronomische Akademie Deutschlands den Carl-Friedrich-von-Rumohr-Ring für sein Lebenswerk. Der Nachrichtensender CNN nannte ihn den meist respektierten Hotelkritiker weltweit.